高等教育教学研究丛书

高校思政教育理论与实践创新研究

张茂东 著

·郑州·

图书在版编目(CIP)数据

高校思政教育理论与实践创新研究 / 张茂东著.
郑州：河南大学出版社, 2024.6. -- ISBN 978-7-5649-5957-9

Ⅰ.G641

中国国家版本馆 CIP 数据核字第 2024EK1511 号

高校思政教育理论与实践创新研究

GAOXIAO SIZHENG JIAOYU LILUN YU SHIJIAN CHUANGXIN YANJIU

责任编辑	林方丽　韩　璐
责任校对	陈　巧
封面设计	张田田

出版发行	河南大学出版社
	地址:郑州市郑东新区商务外环中华大厦 2401 号　邮编:450046
	电话:0371-86059715(高等教育与职业教育分公司)
	0371-86059701(营销部)
	网址:hupress.henu.edu.cn
印　刷	广东虎彩云印刷有限公司
版　次	2024 年 6 月第 1 版	印　次	2024 年 6 月第 1 次印刷
开　本	710 mm×1010 mm　1/16	印　张	7.75
字　数	122 千字	定　价	45.00 元

本书如有印装质量问题,请与本社联系调换。

前　言

在全球化、信息化、多元化的时代背景下,高校作为培养未来社会栋梁的重要基地,其思想政治教育工作的重要性日益凸显。高校思政教育不仅关乎学生的个人成长,更关系到国家的长远发展和社会的和谐稳定。因此,深入探讨高校思政教育的理论与实践创新,对于提升教育质量、培养优秀人才具有重要的现实意义。

高校思政教育的目标是引导学生树立正确的世界观、人生观和价值观,培养他们的社会责任感和历史使命感。然而,传统的思政教育方式往往注重理论灌输,忽视了学生的主体性和实践性,导致教育效果不尽如人意。因此,我们需要在继承优良传统的基础上,不断创新思政教育的方法和手段,使之更加贴近学生实际,更加符合时代要求。

本书从高校思政教育基础入手,解读了高校思政教育的课程体系及构建,然后对高校思政教育的实践展开论述,最后对高校思政教育的创新发展进行了深入探讨。希望本书能够为广大教育工作者和学生提供有益的参考和启示,共同推动高校思政教育的繁荣发展。

在写作过程中,笔者参考了部分相关文献,获益良多,在此谨向其作者表示衷心的感谢。

由于笔者水平有限,部分问题的研究还待进一步深化、细化,书中难免存在一些不足之处,敬请广大读者批评指正。

张茂东

2024 年 5 月

目 录

第一章 高校思政教育基础 … 1
- 第一节 高校思政教育的功能 … 1
- 第二节 高校思政教育的原则 … 10
- 第三节 高校思政教育的基本途径 … 20

第二章 高校思政教育的课程体系及构建 … 30
- 第一节 高校思政课程概述 … 30
- 第二节 高校思政课程体系的构建 … 41
- 第三节 高校思政课程评价与反馈机制 … 50

第三章 高校思政教育的实践探索 … 59
- 第一节 高校思政教育实践基地的建设与管理 … 59
- 第二节 高校思政教育与学生日常管理的结合 … 69
- 第三节 高校思政教育在校园文化建设中的应用 … 77

第四章 高校思政教育的创新发展 … 89
- 第一节 高校思政教育的信息化发展 … 89
- 第二节 高校思政教育的多元化发展 … 98
- 第三节 高校思政教育的个性化发展 … 107

参考文献 … 117

第一章 高校思政教育基础

第一节 高校思政教育的功能

一、思想引导功能

(一)思想引导功能的含义与理论依据

思想引导功能通过开展一系列的思想引导活动,旨在引导学生形成正确的思想观念,培养健康的世界观、人生观和价值观,全面提高学生的综合素质。思想引导功能具有重要的理论依据,主要包括以下几个方面。

现代教育心理学认为个体的思维和行为受到认知、情感、意向等多个因素的共同影响,高校思政教育要通过思想引导来调动学生的积极性,提高学习效果。例如,采用积极激励、情感教育、认知培养等手段来引导学生的思维方式和情感态度,促进他们良好的思考习惯和学习动力的形成。

社会认同理论认为个体在社会环境中会主动与他人建立联系,并形成对社会的认同感。高校思政教育要通过思想引导来引导学生形成正确的社会认同感,使他们感知到社会的关切和期望,并树立正确的社会责任感和使命感。

教育学的相关理论也对思想引导功能提供了重要的理论依据。教育学强调个体在教育过程中的自我发展和教育的个体差异,高校思政教育要根据学生的不同需求和特点来进行思想引导。例如,针对不同学生的学习状态、价值观念等进行个性化引导,使其在思想上得到有效的引导和塑造。

(二)思想引导功能的地位和作用

思想引导功能能够引领学生树立正确的世界观、人生观和价值观,帮助他们树立正确的人生目标,找到正确的发展方向。高校思政教育通过知识的传授、真理的寻求和思辨的能力培养等方式,引导学生了解社会的发展趋势和时代的要求,使他们具备独立思考和判断问题的能力。

思想引导功能能够加强学生的思想道德修养,培养他们的道德情操和价值观念。高校思政教育通过让学生接触和学习伟大的思想家、学者的思想,通过开展丰富多样的道德教育活动,引导学生树立正确的道德观念和行为准则,培养他们的良好品德和道德情操,使他们成为有担当、有责任感的社会人才。

思想引导功能还能够培养学生的创新精神和实践能力。高校思政教育注重培养学生的创新意识和创新能力,通过开展实践教学和实践活动,激发学生的实践热情,引导他们积极参与社会实践,锻炼他们的实践能力和解决问题的能力。思想引导功能使学生不仅具有丰富的理论知识,还拥有实际动手解决问题的能力,为社会的发展和进步做出贡献。

(三)思想引导功能的具体实现方式和策略

高校可以通过课堂授课来实现思想引导功能。教师们可以利用专业课程、思政课、辅导员工作等不同途径,向学生传授正确的思想、价值观和人生观。通过有针对性的思想教育,引导学生正确认识自己的身份和责任,追求积极向上的人生目标。

高校可以利用讨论班、研讨会等形式,推动学生进行思想交流和互动。学生们可以分享自己的思考和观点,共同探讨社会、时事等重要议题。通过这种方式,学生们可以培养自己的独立思考能力、表达能力和团队合作能力,进一步提升自己的思想素养。

高校还可以通过开展一系列的特色活动来实现思想引导功能。例如,组织学生参与社会实践活动、志愿服务活动、文化艺术活动等。通过参与这些活动,学生们可以亲身体验社会的多样性和复杂性,拓宽自己的眼界,增强社会责任感和使命感。这些活动可以帮助学生将抽象的思想理论转化为具体的实践行动,促进他们的全面发展。

高校还可以建立良好的思想引导机制和辅导制度。例如,设立学生心理健康辅导中心、思想引导教师团队等,为学生提供专业的心理咨询和指导。通过建立这些机制和制度,学校可以及时发现和解决学生在思想上的困扰和问题,对学生进行个性化的引导和帮助。

二、价值塑造功能

(一)价值塑造功能的含义与理论依据

价值塑造功能指的是通过思政教育,培养学生积极向上的正确价值观念,并逐步形成健康的世界观、人生观和价值观。价值塑造功能的理论基础主要体现在以下几个方面。

1. 人文教育

人文教育强调人的全面发展,培养学生的人文关怀、人文素养和人文精神。在高校思政教育中,通过人文教育的方式,引导学生关注社会问题,提升他们的道德素养和社会责任感。

2. 社会科学

社会科学研究人类行为、社会现象,为价值塑造提供了理论和实践基础。高校思政教育可以借助社会科学的理论成果,分析和解读社会问题,帮助学生树立正确的价值观,并在实践中增强自身的社会认同感和社会责任感。

3. 教育心理学

教育心理学研究人的认知、情感和行为等方面的规律,可以指导高校思政教育教学中的价值传递和塑造。通过了解学生的认知特点和心理需求,教师可以采取有效的教学策略,帮助学生理解和接受正确的价值观念。

(二)价值塑造功能的地位和作用

价值塑造功能能够引导学生树立正确的价值观念和人生观。在当代社会变革快速、价值观多元的背景下,高校思政教育要承担起培养学生正确价值观的责任。通过系统的思政课程和各类课外活动,高校思政教育可以引导学生从多个维度认知和理解不同的价值选择,从而形成自己正确的价值观。

价值塑造功能对于提升学生的综合素质具有重要作用。高校思政教育不仅仅注重知识的传授,更重要的是要培养学生的人文关怀、社会责任和良好的道德品质。通过多元化的教育手段,例如讨论课、实践教学、社会实践等,高校思政教育能够在培养学生的学科素养的同时,注重培养学生的价值观和道德情感,提升学生的综合素质。

在高校思政教育中,价值塑造功能有助于拓宽学生的思维边界和认知深度。高校思政教育应该能够开拓学生思想的空间,引导学生思考人生、社会和世界的重大问题。通过深入探讨、与学生互动交流以及采取启发式的教学方法,高校思政教育能够培养学生的辩证思维、创新思维和批判思维,提高学生对社会现象的观察和分析能力。

价值塑造功能对于促进大学生的全面发展也具有重要意义。通过高校思政教育,学生不仅仅能够获得专业知识,还能够全面培养自身的能力和素质。培养德智体美劳全面发展的大学生,是高校思政教育的重要目标之一,而价值塑造功能的实现可以帮助学生在校园中综合发展,为将来的社会角色扮演做好准备。

(三)价值塑造功能的具体实现方式和策略

在高校思政教育中,为了有效地塑造学生的正确价值观和道德观,我们需要采取一系列具体的实施方式和策略。下面将从教育内容、教育方法和教育环境等方面,探讨实现价值塑造功能的具体措施。

1. 教育内容

高校思政教育应通过系统的课程设置,将德育教育纳入各个学科中,以学生的专业学习为基础,通过必修或选修的思政课程,引导学生深入了解和理解道德伦理、法律法规和人文精神等方面的知识,使他们形成正确的价值取向和道德观念。教材的选择和编写也应注重价值塑造的导向,选取具有深刻思想内涵和道德教育意义的经典文献和案例,以唤醒学生的思想,塑造他们的正确价值观。

2. 教育方法

传统的讲授式教学已难以适应当今高校学生的学习需求和思维方式。因此,我们需要创新教育方式,注重启发式教学和互动式学习,通过案例分析、讨论、小组活动等多种形式,激发学生的思考和参与,引导他们在实际问题中思考道德和价值选择的问题。教师要充分发挥自身的示范和引领作用,通过言传身教的方式,积极引导学生树立正确的价值观,使其真正实践到生活中去。

3. 教育环境

高校要营造良好的教育环境,包括学校文化氛围、学生组织活动和课外实践等方面。学校要倡导积极向上的精神文化,以德树人,加强校园道德建设,为学生提供良好的道德典范。此外,学校还应积极组织学生参与社会实践、志愿服务等活动,通过实践体验,激发学生的道德认知和实践能力,培养他们的社会责任感和公民意识。

三、品德培养功能

(一)品德培养功能的含义与理论依据

品德培养功能主要以培养学生的道德品质、价值观念、行为习惯和道德观念为核心,旨在提升学生的道德素质和社会责任感。在高校学习阶段,学生正处于形成个人价值观念和道德观念的关键阶段,因此,品德培养功能的重要性不容忽视。

品德培养功能的理论依据来源于伦理学、道德教育学以及思政教育学等学科的研究成果。伦理学研究人类道德行为的本质,探讨人的善良和恶劣行为的原因及其影响因素。道德教育学则从教育角度研究如何培养学生的道德意识、道德情感和道德行为。思政教育学对于高校思政教育的本质、目标以及实践方法进行了系统研究,为品德培养功能的实现提供了理论指导。

在品德培养功能的含义与理论依据中,有几个关键点值得注意。首先,品德培养功能强调了培养学生的道德品质和社会责任感,这是因为学生的道德品质在日常生活中的表现与社会的和谐与稳定有着密切关系。其次,通过注重培养学生的价值观念和道德观念,可以促进学生正确处理人际关系、社会交往等的能力和整体素质的提升。最后,品德培养功能的实现需要根据学生的年龄、成长环境、性别、文化背景等因素进行个别化和整体化的教育设计,以便更好地适应学生的特点和需求。

(二)品德培养功能的地位和作用

在现代高等教育中,品德培养功能旨在为学生提供提升个人品质和道德修养的机会和资源,引导他们树立正确的人生观、价值观,并塑造出健康、积极的人格。在高校思政教育中,品德培养功能占据着重要地位,不仅是学生全面发展的关键,也是高校社会责任的具体体现。

品德培养功能在高校思政教育中扮演着道德引导者的角色。通过开展道德教育活动和课程,高校思政教育将道德原则融入学生的学习和生活之中,引导他们学会区分善恶、正误,树立正确的价值观。这种道德引导不仅有助于学生遵循社会公德和职业道德,还能加强他们的社会责任意识和行为规范能力。

品德培养功能在高校思政教育中发挥着塑造人格的作用。高校学习阶段是学生人生的重要阶段,而思政教育作为高校教育的核心部分,有责任和使命帮助学生塑造良好的人格。通过思想引导、实践活动和个性发展的培养,高校思政教育有助于学生形成独立、积极、责任感强的人格特质,提升他们的社会认同感和自我塑造能力。

品德培养功能在高校思政教育中起到了社会教化的作用。高校思政教育在培养学生的道德观念和品质的同时,也关注他们对社会问题的认知与关怀。通过培养社会责任感和公民意识,高校思政教育有助于培养学生良好的社会行为习惯以及正确的社会价值观,让他们在成长为独立个体的同时,也为社会建设做出贡献。

高校思政教育中的品德培养功能对于学生的终身学习和发展具有重要意义。品德培养不仅关乎短期的学习成果和行为表现,更重要的是有助于学生形成积极向上的学习态度和良好的职业道德。这些品德将伴随着学生的一生,对于他们在职场、社会中更好地发展起到积极的引导作用。

(三)品德培养功能的具体实现方式和策略

1. 注重课堂教学方式

思政教育课程应该采用多种形式,如示范引导、案例讲解、角色扮演等,以激发学生的参与性和积极性。寓教于乐的方式,可以更好地引导学生理解和接受正确的道德观念,培养他们正确的品德观念和行为准则。

2. 注重实践教学机会

通过实践活动,学生可以将所学的道德理念应用到实际生活中。可以组织学生参加社会志愿者活动、社会实践调研、实践课程等,以提供一个锻造品德的平台。通过亲身体验,学生能够更深入地认识到品德对个人和社会的重要性,进一步强化良好的品德素养。

3. 注重日常教育渗透

除了正式的思政教育课程和实践活动,高校还应该在日常生活和校园文化中渗透品德培养。例如,可以通过晨读、晚自习时的校训宣讲、道德修养讲座等,提升学生对道德规范的理解和认同,潜移默化地培养他们的品德修养。

4. 注重组织引导保障

高校可以成立品德教育部门或设立相关岗位,负责品德培养工作的组织规划和指导。同时,也可以建立学生品德评价和奖励机制,以激发学生的品德意识和参与积极性。同时,要加强对师资队伍的培训和引导,提高他们在品德教育中的专业水平和能力。

四、人文教育功能

(一)人文教育功能的含义与理论依据

在高校思政教育中,人文教育功能旨在培养学生的人文素养、人文情怀以及人文精神,使其具备深厚的人文底蕴和广阔的人文视野。人文教育的含义可以从多个层面进行探讨。

人文教育可以理解为对传统文化的传承和发展。作为高校思政教育的重要组成部分,人文教育要求学生具备对传统文化的积极认同和热爱,以及对传统文化的传承和发展的责任感。这种传承与发展不仅仅是对历史上的经典著作进行学习和理解,更重要的是将传统文化内涵融入当代社会中,使其具有现代的意义和价值。

人文教育可以理解为人的全面发展。人文教育的目标是培养学生具备全面发展的能力,包括智力、情感、道德、审美等方面。通过人文教育的引导,学生不仅是专业知识的掌握者,更是具有社会责任感和广阔视野的综合型人才。人文教育强调培养学生的创新思维、道德情操、审美能力等方面的素养,提升他们的综合素质。

人文教育可以理解为对人性的关怀和关注。人文教育的核心是关注人的全面发展和幸福,重视人的主体性和尊严。人文教育要求学生不仅要注重个人发展,更要关心他人、服务社会,具备社会责任感和公民意识。人文教育通过引导学生去理解和尊重他人,去关注社会问题和挑战,培养学生的社会责任感和价值观。

人文教育功能的理论依据是多方面的,其中包括人文主义教育理论、终身教育理论、人格培养理论等。人文主义教育理论认为,人文教育是培养学生综合素质的基础,是培养具有人文关怀和社会责任感的公民的重要途径。终身教育理论强调,人文教育是一个终身的过程,应该贯穿于整个学习生涯。人格培养理论则关注人的全面发展和道德品质的培养,认为人文教育能够促进学生的道德修养和品质的塑造。

(二)人文教育功能的地位和作用

人文教育在高校思政教育中具有重要的地位。在当今社会,人与人之间的关系变得越发复杂,人文教育在培养学生的良好人际交往能力、自我认知和自我管理能力方面起到了关键作用。通过人文教育,学生能够理解并尊重他人,拥有良好的团队合作意识和沟通能力。这些能力对于学生未来的工作和社会交往都具有重要的影响。

人文教育在高校思政教育中扮演着强化品德塑造的角色。高校思政教育的目标之一是培养学生具备崇高的道德观念和正确的价值取向。通过人文教育,学生能够接触和了解到文学、艺术、历史等方面的知识,从中汲取真、善、美的力量,形成正确的审美观和价值观。人文教育也能够引导学生思考并面对道德困境,提升其道德判断和决策能力。

人文教育还在高校思政教育中发挥了拓宽学生视野的作用。高校作为知识的殿堂,应该为学生提供丰富的知识和文化。人文教育通过丰富的文化教育内容,激发学生的学习兴趣和学术热情,拓宽他们的眼界和思维方式。通过人文教育,学生能够接触到不同领域的知识,开阔思维,培养终身学习的能力,为将来的发展打下坚实的基础。

(三)人文教育功能的具体实现方式和策略

1. 创建多样化的文化活动和学术交流平台

高校可以组织丰富多样的文化活动,如艺术展览、音乐会、戏剧表演等,为学生提供参与和感受各种不同艺术形式的机会。同时,建立学术交流平台,邀请知名学者或专家来校授课、举办讲座,提供学术思想碰撞和交流的平台,激发学生的思考和创新意识。

2.开设人文素养课程和选修课程

通过开设人文素养课程,可以引导学生从人文角度思考问题,培养他们的人文情怀。比如,开设人文历史、文学艺术、哲学伦理等课程,使学生对传统文化和人文价值有更深入的了解。此外,提供一系列选修课程,让学生根据自身的兴趣和需求进行选择,拓宽他们的人文知识领域。

3.加强师生互动和团队合作

教师应当注重与学生的互动,鼓励学生表达观点和参与学术讨论。同时,鼓励学生之间进行团队合作,组织小组研讨、项目实践等活动。通过师生互动和团队合作,促进学生的思想交流和合作能力的发展,培养他们的社交和团队合作意识。

4.融入社会实践和志愿服务

高校可以组织学生参与各种社会实践活动,让学生亲身感受社会的多样性和复杂性,培养他们的社会责任感和公民意识。志愿服务也是重要的人文教育方式,通过参与志愿活动,学生可以体验到自己对社会的贡献和影响。

第二节　高校思政教育的原则

一、问题导向原则

(一)问题导向原则的含义及理论分析

问题导向原则是高校思政教育中的一项重要原则,指导高校在思政教育过程中注重问题的发现、分析和解决。它强调了问题的引导作用,通过批判性思维和启发式学习,激发学生的思维能力和创新能力,培养学生分析问题和解决问题的能力,使学生在思政教育中获得实际经验。

问题导向原则是在认知心理学和学科教育学理论的基础上提出的。根据认知心理学的观点,问题对于学生的学习和思维发展起着重要的促进作用。通过学习和解决问题,学生可以积极思考和理解,增强学习的主动性和参与性。而学科教育学认为,问题导向的教学方法可以激发学生的学习动机,培养学生的批判性思维和创新能力。

(二)问题导向原则在实际运用中的问题

问题导向原则的执行存在着一定的难度。由于思政教育的特殊性,教师在运用问题导向原则时需要采用一系列教学方法和手段,如案例分析、讨论式教学等,以引导学生主动参与,提出问题并解决问题。然而,教师在实际操作中可能面临学生不积极参与、问题解决能力不足等问题,从而导致问题导向原则的初衷无法充分体现。

问题导向原则的目标设置可能存在模糊性和主观性。问题导向原则强调以问题为核心,但是问题的界定和分类往往具有一定的主观性。在高校思政教育实践中,问题导向原则的目标设置可能存在模糊性,导致教学内容过度宽泛或者过度狭隘,影响了问题导向原则的实际效果。

问题导向原则在高校思政教育中也面临着不同学科交叉和专业差异的挑战。高校思政教育涉及多个学科领域,不同学科之间可能存在着不同的思维模式和教学方法。因此,在实际应用问题导向原则时需要充分考虑学科交叉和专业差异,并针对不同学科和专业进行相应的问题导向教学设计,以确保思政教育能够更好地适应不同学科的需求。

(三)提升问题导向原则的具体措施

第一,建立健全问题导向的管理机制,确保问题导向原则贯彻于思政教育的方方面面。通过设立专门的问题导向教育工作组,制定相关的工作计划和指导方针,定期召开研讨会议,推动问题导向原则的实施和落实。

第二,加强对教师的培训和引导,提升他们在问题导向教育中的能力和水平。高校应该组织专门的培训班和研讨活动,让教师了解问题导向教育的理念和方法,掌握相应的教学技巧。同时,建立教师之间的经验分享和交流平台,促进教师之间的互相学习和借鉴。

第三,推进问题导向教育在课程设置和教学内容上的贯彻。高校需要对现有的思政教育课程进行审视和调整,注重综合性问题的引入和分析,培养学生的综合思维和解决问题的能力。同时,在课堂教学中,教师应该采用案例分析、小组讨论等多样化的教学方法,鼓励学生积极参与,激发他们对问题的思考和探索。

第四,加强与实际问题的结合,让思政教育紧密联系社会现实。高校可以与社会组织、企事业单位等合作,开展调研活动、实地考察、社会实践等项目。通过实践活动,让学生亲身感受和体验问题导向教育的实际价值,增强他们的社会责任感和批判思维能力。

第五,加强对问题导向教育的评估和监督,确保其有效实施。高校可以建立专门的评估机构或委员会,定期对问题导向教育的实施情况进行评估和检查。通过评估结果的反馈,及时发现问题,加以改进和完善,确保问题导向原则在高校思政教育中的长期有效运行。

二、循序渐进原则

(一)循序渐进原则的理论阐述和分析

循序渐进原则要求思政教育注重阶段性的安排和有序推进。高校思政教育是一个长期而复杂的过程,需要根据学生的认知水平和学习能力,有计划地进行内容和形式的设计。例如,在大一新生的思政教育中,可以先从思想品德教育入手,培养学生的道德情操和社会责任感;随后,逐渐引导学生了解国家和社会的基本情况和政治体系,培养其对社会问题的认识和思考能力。通过逐步深入、渐进推进的方式,循序渐进地引导学生在思政教育中形成全面的思维方式。

循序渐进原则要求在高校思政教育中进行分类指导。不同年级、不同专业的学生具有不同的知识背景和成长需要,因此,在思政教育中应该采取针对性的分类指导。例如,对于理科生来说,可以通过科学素养教育和科技创新导向让他们了解科学发展的历史进程和前沿知识;对于文科生来说,可以通过文化传承和人文关怀教育引导他们探索人文精神和价值观念的内涵。通过分类指导,能够更好地满足学生的需求,提高思政教育效果。

循序渐进原则在高校思政教育中还需要不断进行优化与改进。随着时代的发展和学生思维方式的多样化,思政教育需要与时俱进地进行调整和改革。例如,在教学内容方面,可以不断引入新的话题和热点问题,以激发学生思考和探索的兴趣;在教学方法方面,可以采用多样性和启发式的教学方式,以提高学生的参与性和创造性。只有不断进行优化与改进,思政教育才能真正适应时代和学生的需求,具有更强的针对性和实效性。

(二)循序渐进原则在实际运用中的困难

在思政教育中运用循序渐进原则需要教师具备一定的理论素养和教育经验。然而,在实际操作中,我们发现有些教师对于循序渐进原则的理解还不够深入,往往将其简单地理解为"分批次、分阶段"而忽略了其本质内涵,导致思政教育的循序渐进原则运用效果不明显。

在高校思政教育中运用循序渐进原则往往受到学生的接受程度和个体差异的制约。每个学生的思想觉悟和认知水平不同,他们对于思政教育内容的接受和理解程度也存在差异。有些学生对于理论教育的接受能力较强,而对于实践教育的兴趣不高;有些学生则相反。在实际运用循序渐进原则时,我们需要根据学生的个体差异,有针对性地设计教育内容,以提高教育效果。

高校思政教育中的传统教育模式和新兴科技手段之间的结合也是困扰循序渐进原则运用的一个问题。面对信息时代的挑战,我们不得不承认传统的课堂教学方式已经不能满足学生多样化的学习需求和兴趣。在转变教育模式的过程中,我们经常面临技术更新的问题。学校在引进新技术设备时需要投入大量的经费,教师和学生也需要花费时间学习和适应新技术,这无疑给循序渐进原则的应用带来了一定的困难。

(三)循序渐进原则的优化与改进

为了更好地贯彻循序渐进原则,我们应该加强对循序渐进原则的理解和把握。循序渐进原则并不仅仅是指按照一定的顺序来安排教育内容,它更是一种以学生发展为中心的教育理念。因此,我们要深入研究学生在不同学年、不同阶段的成长特点和需求,在教育内容、教学方法和评价方式上进行相应的调整和创新。

1.充分发挥分类指导原则的作用

分类指导原则与循序渐进原则相辅相成,在实践中它们可以相互借鉴,相互促进。通过分类指导,我们可以根据学生的不同兴趣、特长和发展方向,将思政教育内容进行适当划分和分类,更好地满足学生的需求。这样既能够保证教育内容的连贯性和循序渐进性,又能够充分发挥学生的主体性和参与性。

2.借助先进的教育技术手段

现代技术手段的广泛应用为思政教育提供了更多的可能性。通过利用互联网、移动应用等工具,我们可以创造更加多样化、更富趣味性的教育形式,提供丰富多样的资源和学习机会。这样可以激发学生的积极性和主动性,使思政教育更加生动有趣。

3.全体教师共同努力

教师应积极参与教育教学改革,提高自身的教学水平和教育理念。同时,学校和教育管理部门也应提供良好的支持和条件,为教师的专业发展和教学创新提供保障。

三、分类指导原则

(一)分类指导原则的理论解读

分类指导原则的核心观点是将学生按照其政治思想、道德品质、社会责任等方面的特点和需求进行分类,针对不同特点的学生采取有针对性的教育和指导措施。这种分类指导,可以更好地满足学生个性化发展的需求,提高思政教育的针对性和实效性。

分类指导原则的理论基础是多元化发展理论。按照多元化发展理论的观点,每个学生在政治思想、道德品质等方面都具有自己的特点和需求。因此,思政教育应当根据学生的差异性,分类设计和实施教育内容和方法。

分类指导原则要求我们对学生进行综合性评价和分组。通过考查学生的政治思想水平、道德品质、社会责任等方面的表现,可以将学生划分为不同的群体。例如,可以将学生分为思想开放的群体、道德修养较高的群体、社会责任感较强的群体等,这样可以更好地根据学生的需要进行针对性教育。

在分类教育的过程中,我们不能简单地以某个因素为依据,而是要综合考虑多个因素。例如,一个学生可能在政治思想方面较为开放,但在道德品质方面存在一定的问题。在这种情况下,我们应当综合考虑他的综合素质,既要重视政治思想的引导,又要关注道德品质的培养。

分类指导原则还强调分类之间的互补性和互动性。不同分类之间应当相互借鉴、相互促进,形成一个相互补充的教育体系。例如,思想开放的群体可以为其他群体提供思想启迪,而道德品质较高的群体可以为其他群体树立榜样。

(二)分类指导原则在实际执行中的问题

分类指导原则在实施过程中存在着一定的模糊性和主观性。不同学校、学院对于思政教育的具体内容和目标的理解存在差异,对于如何进行分类指导也有不同的解释。这导致了执行中的差异性和随意性,难以保证分类指导原则的一致性和准确性。

分类指导原则在高校思政教育中的具体操作方法和实施策略还不够清晰和系统化。虽然有一些案例和经验可以参考,但缺乏统一的指导性文件和规范,导致各高校在具体操作上存在着一定的随意性和盲目性。特别是在各个学院和专业之间的分类指导上,难以找到一个具体的划分标准和方法,使得分类指导的效果不尽如人意。

分类指导原则在运用过程中也面临着资源分配不均的问题。由于高校资源有限,思政教育的开展往往面临着时间、场地、人力等方面的限制。在这种情况下,如何在分类指导中平衡各个学院、专业间的资源分配,保证每个学生都能受到足够的思想政治教育,是一个亟待解决的问题。

分类指导原则的实施还需要考虑到学生个体差异的问题。不同学生的兴趣、潜能、背景、需求等方面存在差异,如何在分类指导中兼顾个体差异,实现个性化的思政教育,是一个需要深入思考的问题。目前,对于个体差异的认知还不够充分,缺乏系统的实践经验和指导。

(三)分类指导原则的实施策略

根据学生的个体差异,我们可以根据其不同的特点和需求,对学生进行分类指导。例如,我们可以根据学生的学习能力、思维方式、性格特点等因素,将其划分为不同的群体,然后有针对性地进行思政教育。通过这种分类指导,可以更好地满足学生的学习需求,提高教育的针对性和精准度。

实施分类指导原则还需要注重个性化教育。在分类指导中,我们需要关注每个学生的个体差异,并针对其特点制订个性化的教育计划。例如,对于学习优秀的学生,可以加强他们的创新能力和领导力培养;对于思维方式相对偏执的学生,可以引导他们多角度思考问题等。通过个性化的教育,更好地激发学生的学习潜力,促进其素质的全面发展。

分类指导原则还需要注重培养学生的自主性。在实施分类指导时,我们应该引导学生主动参与思政教育活动。通过设置开放性的问题,鼓励学生自己思考并表达自己的观点和想法。我们也可以组织一些由学生自主选择的课程或活动,让学生根据自己的兴趣和需求进行选择,并在其中获取知识和经验。这样的自主参与,可以提高学生对思政教育的自觉性和积极性,激发他们主动学习的动力。

分类指导原则的实施还需要加强教育与社会的对接。高校思政教育不应仅仅局限在校内教育范围内,还应该与社会资源充分结合。我们可以邀请社会人士、专家学者等开展专题讲座,让学生接触真实的社会问题,并从中获取思政教育的启示。同时,也可以组织学生进行社会实践,让他们亲身体验社会生活,增强社会责任感和担当精神。通过与社会的对接,可以提高思政教育的实效性和针对性,使教育更具现实意义。

四、立德树人原则

(一) 立德树人原则的理论阐释

在高校思政教育中,立德树人原则要求高校教育与时俱进,塑造更加优秀的人格,培养全面发展的人才。下面旨在对立德树人原则进行理论阐释,以明确其内涵和重要性。

1. 强调道德修养与学术知识的有机结合

高校思政教育在传授学生学科知识的同时,必须注重培养学生的道德修养。只有将道德与学术知识相结合,才能帮助学生树立正确的世界观、人生观和价值观。因此,高校思政教育应当积极引导学生秉持正确的道德标准,养成良好的学术品质和行为规范。

2. 要求高校教育在培养学生思想道德修养的过程中,注重个体发展和集体发展的统一

在高校思政教育中,每个学生都应该得到尊重和关注,并被视为一个独立的

个体。教育者应当注重发现学生的特长和个性,为他们提供个性化的学习和发展机会。但同时,高校思政教育也要强调集体主义精神和团队合作意识的培养。在学生中培养共同的价值观和社会责任感,有助于形成积极向上的集体氛围。

3. 强调高校教育的实效性和可落地性

高校教育应当具有可操作性的指导原则,能够指导学生在实际生活中进行价值观念和道德觉悟的实践。这要求高校思政教育教师密切关注社会变革与发展趋势,把握时代脉搏。教师在教学过程中,要注重将抽象的理论知识与具体的实践情境结合起来,帮助学生转化为实际行动。

(二)立德树人原则在实施过程中的困境

立德树人原则在高校思政教育的实施过程中面临着一些困境。首先,高校思政教育的主体是学生群体,而学生作为青年人,思想观念多元,价值观差异较大。因此,如何在实施立德树人原则时兼顾不同学生的需求和多元文化的冲突,是当前面临的一大挑战。其次,高校思政教育面临着新时代的新问题,如网络文化的影响和社交媒体的兴起给思政教育带来了新的挑战。传统的教育方式和手段已经无法满足学生对于信息获取和交流的需求,这就要求高校思政教育反思自身的教育理念和方法,主动适应新的时代背景。

实施立德树人原则在高校思政教育中也存在着一些机制上的困境。首先,高校思政教育往往受到外部政策和管理机制的制约。政府对高校思政教育的要求和评价标准往往是统一的,这就限制了高校在立德树人原则实施上的多样性。其次,高校思政教育的评价体系往往过于注重结果,忽视了过程和方法。这导致一些高校在实施立德树人原则时可能更偏向于功利主义,只注重学生的成绩和就业,而忽视了学生的全面发展和价值观的养成。

(三)立德树人原则的具体实施

在高校思政教育中,立德树人原则旨在通过培养学生正确的世界观、人生观和价值观,引导他们具备优秀的道德品质和良好的行为习惯,从而真正成为可担当民族复兴大任的时代新人。

1. 立德树人原则的具体实施在于注重教育内涵的提升

高校应该加强对学生思想道德素质的培养,通过开展丰富多样的思政课程、形式多样的思政教育活动,激发学生的学习兴趣和思考能力。还应该注重对学生的实践教育,引导他们将思政理论与实际相结合,通过参与社会实践、社会服务等方式,增强他们的社会责任感和实践能力。

2. 立德树人原则的具体实施在于推动教育方法的创新与改进

高校应该积极借鉴现代教育技术手段,如信息技术、多媒体教学等,通过多样化的教学形式和内容,满足学生的个性化需求,提高教育效果。还应该加强师资队伍建设,选拔优秀的思政教师,注重提升教师的教学能力和思政教育理论素养,为学生提供优质的教育资源和指导。

3. 立德树人原则的具体实施在于高校应该重视学生的主体性

立德树人是一个主动的过程,需要学生自觉地参与其中、主动地思考和探索。因此,高校要通过开设社团组织、学生自治机构等形式,为学生提供广泛参与的机会和平台。还可以组织各类学术讲座、讲坛等活动,邀请社会大咖和专家学者来校交流,激发学生的学习热情和求知欲望。

4. 立德树人原则的具体实施需要高校加强与社会的联系与合作

高校作为培养人才的摇篮,应该与社会各界保持紧密的联系,借助社会资源和力量,为学生提供更全面、更深入的思政教育。例如,可以与企业合作,开展实习实训项目,让学生接触社会实践,丰富他们的社会经验,提升他们的职业素养。

第三节　高校思政教育的基本途径

一、思政课堂教育

(一)教育理念与方法

"育人为本"理念强调在教育过程中注重培养学生的全面发展,注重培养学生的自主学习能力和批判思维能力。教师在教学中关注学生的个体差异,鼓励学生发展自己的特长和潜能。例如,教师可以使用启发式教学法,引导学生主动思考问题并寻找解决方案,培养学生的创新能力。

"体验式教育"理念认为学生通过亲身参与可以获得真实感受和实践经验,更好地理解和掌握知识,培养实践能力和创新精神。为了营造良好的学习氛围,高校可以开展各类校园活动,如学术讲座、学生论坛、文化节等,提供学生与教师互动、交流的机会。通过参与这些活动,学生可以拓宽视野,积累实践经验,并将所学知识与实际情境相结合。

高校还积极借助社会实践教育来推动思政课堂教育。社会实践教育为高校学生提供了参与社会工作、社区服务、实习实训等机会,让他们将所学知识应用于实际生活中。在社会实践中,学生将接触到真实的社会问题和挑战,锻炼自己分析、解决问题的能力。高校可以引导学生参与社会实践项目,并在实践过程中加强对学生的引导和指导,使学生能够更好地实现思政教育的目标和要求。

网络思政教育也是一种重要的教育形式。随着信息技术的发展,网络平台为高校思政教育提供了广阔的空间和渠道。学生通过网络平台可以自主学习相关知识,参与在线讨论和交流,获得教师的指导和反馈。网络思政教育鼓励学生主动思考,通过互动和合作学习促进个人的思想成长。高校可以建设在线教学平台,开设思政课程的网络版,为学生提供便捷的学习和交流渠道。

(二)教育内容的选取

在高校思政教育中,合理选择和设计思政教育内容,能够更好地引导学生的思考,促进其综合素质的提升。在选取教育内容时,应该充分考虑思政教育的特点和目标以及学生的实际需求。

1. 教育内容应与时俱进,贴近社会热点和学生的兴趣

当前,社会发展迅速,新问题和新挑战不断涌现。因此,思政课堂教育应紧密围绕当下的重大社会问题展开,让学生了解和思考社会变革、科技创新、文化多样性等方面的知识,培养他们对时事的敏感性和分析能力。

2. 教育内容应注重思辨能力和创新能力的培养

高校思政教育不仅应向学生传递知识,更重要的是培养他们的思考能力和创新精神。因此,在内容的选取上,应注重提问和讨论的设计,鼓励学生通过批判性思维和创造性思维来解决问题和开拓思路。

3. 教育内容应注重跨学科的整合

高校思政教育应该打破学科的界限,将其他学科的知识融入思政教育中,引导学生多维度思考。例如,在讨论环保问题时,可以引入自然科学的知识,让学生了解和思考科学技术对环境的影响。跨学科的整合,能够更好地培养学生的综合素质和解决问题的能力。

4. 教育内容应注重理论与实践的结合

高校思政教育不仅仅是纸上谈兵,更需要学生将所学理论运用到实际中去。因此,在内容的选取上,应注重案例分析、实践探究等形式的设计,让学生通过实际的问题和情境来理解和应用所学的知识和理论。这样的设计能够帮助学生更好地将思政教育有机地融入生活和工作中。

(三) 教育效果评价

在高校思政课堂教育中，教育效果评价旨在全面客观地评估思政课堂教育取得的成果，为进一步提升教育质量提供依据。下面将从教育目标的达成度和教育质量的评估两个方面来探讨教育效果评价的相关事项。

1. 评价教育目标的达成度

思政课堂教育旨在培养学生的思想道德素质和综合能力，因此评价的重点应当放在这些方面。在教育目标的制定上，可以参考国家相关政策文件和教育部门的要求，明确思政课堂教育的培养目标。评价工作可以通过学生问卷调查、班级讨论和个别面谈等方式进行，从而了解学生对教育内容的掌握情况、思想态度的转变以及综合能力的提升程度。通过这种方式，可以客观准确地判断教育目标的实现情况，为教育质量的提升提供依据。

2. 评价教育质量

教育质量评价应当从教学设计、教师教学能力以及学习资源等多个方面入手。教学设计应当符合学生的年龄特点和思维方式，能够激发学生的学习兴趣和积极性。教师教学能力是教育质量评价的核心，需要评估教师在课堂上的表现和教学方法的效果。学习资源的评价需要考虑教材的适宜性、教育技术装备的完备性以及教学环境的舒适度。通过对这些方面的评估，可以全面了解真实的教育质量，从而有针对性地进行优化和改进。

二、校园活动教育

(一) 活动的策划与实施

在确定活动主题之前，策划人员需要对目标群体的需求进行深入了解，以确保活动的针对性和有效性。在策划过程中,可以考虑与其他学科或组织合作,以丰富活动的内容和形式,提高活动的吸引力和参与度。

活动的策划应该具备一定的前瞻性和创新性。在选择活动主题时,可以从当前社会热点出发,关联学生的实际生活和学习经验,引发学生的思考和讨论。策划人员可以借鉴现有的成功案例,但同时也要根据学校的特点和学生的特点进行创新和定制化。只有不断引入新的元素和亮点,才能激发学生的兴趣并保持活动的独特魅力。

在活动实施过程中,组织者需要全面考虑各种资源的利用和协调。合理安排时间、场地和人力资源是活动顺利进行的关键因素。同时,组织者还要着重关注活动的流程和细节。活动的顺利进行离不开组织者的耐心和细致,包括活动的宣传、报名、签到、现场布置和节目安排等方方面面。

活动的策划与实施过程中,积极借助技术手段是提高效率和效果的重要途径。在活动宣传和信息发布方面,可以利用校园网络平台、社交媒体和移动应用等渠道进行传播。这不仅能够更快地传达信息,吸引更多的参与者,还能够方便地收集和统计活动反馈意见,为下一次活动的改进提供参考。

策划者需要深入了解目标群体需求,设计具有针对性和创新性的活动主题。在活动实施过程中,合理利用资源、关注细节和借助技术手段都是保证活动效果的关键要素。通过精心策划和高效实施,校园活动教育可以为高校思政教育的发展做出重要贡献。

(二)活动的形式与内容

在高校的校园活动教育中,通过合理且富有吸引力的形式,结合精心设计的内容,可以有效地激发学生的积极性和参与度。下面将从活动形式和活动内容两个方面进行论述。

活动的形式应当具有多样性和创新性。多样化的形式可以满足不同学生的需求和兴趣,倡导多元化的参与方式。比如,我们可以组织丰富多彩的演讲比赛,让学生展示自己的才艺和观点;还可以安排富有创意的游戏竞技,促进同学之间的交流与合作。可以利用新媒体技术,如线上线下相结合的方式,借助手机APP(应用)、微信群等平台进行互动和讨论,让学生在不同的时间和空间都可以参与到活动中来。

活动的内容应当具有思政教育的特色和实践价值。思政教育是培养学生综合素质和社会责任感的重要途径,因此在校园活动中应当贯穿思政教育的主题和内容。例如,可以组织一场以"社会公益"为主题的志愿者活动,让学生通过参与到社区服务中,体验社会实践的价值;可以举办关于国家政策和时事热点的讲座,让学生了解国家发展和社会变革的最新动态;还可以组织一些有趣的竞赛活动,如辩论赛、写作大赛等,通过比赛的形式引导学生深入思考和表达观点。

在活动的策划和实施过程中,我们应当注重活动形式和内容的有机结合。只有形式和内容相融合,才能真正激发学生的兴趣和参与度,使思政教育活动真正发挥教育作用。因此,在策划活动时,我们应当充分了解学生的需求和兴趣,选择最符合学生群体特点的形式和内容。同时,活动的效果应当及时进行评价和反馈,不断改进和优化活动的形式和内容,以达到更好的教育效果。

(三)活动效果的评价

评价一个校园活动的效果,我们可以从参与度与反馈度两个角度出发。

参与度是指活动的吸引力,即活动能否激起学生的兴趣,使得他们积极投入其中。我们可以通过记录活动的参与人数、参与者的反馈,以及对活动的评价等方式来评估活动的参与度。

反馈度是指活动结束后,参与者所产生的改变与感受。这包括对活动主题的理解、对价值观的认同、对思政教育目标的感知等。我们可以通过设置问卷调查或进行小组讨论等形式,收集参与者的意见、看法和感受,以此评估活动对学生思想政治素质的影响程度。

除此之外,我们还需要考虑活动的延续性与可持续性。活动的延续性是指活动后的影响能够持续并对参与者产生积极影响。我们可以通过观察参与者在活动后的行为变化以及他们对活动的回忆和反思来评估活动的延续性。而活动的可持续性则强调活动具备可长期开展的条件,包括资源的保障、组织的协调与宣传的持续等方面。

我们还可以借助一些定量指标来评估活动效果。例如,通过学生的考试成绩、思想政治素质测试等方式,来衡量活动对学生知识与能力的提升程度。同时,也可以统计参与活动的学生后续的学术成就、社会实践成果等,来评价活动对他们的整体发展的积极影响。

三、社会实践教育

(一)实践活动的选择与安排

1. 与学生的兴趣和专业方向相结合

通过了解学生的特长和兴趣,可以有针对性地选择相应的实践活动,使学生更加主动参与并投入其中。同时,还需结合学生们所学专业的特点和需求,选取与专业知识和技能相关的实践活动,以提高学生的实践能力和专业素养。

2. 注重实践活动的多样性和开放性

不同类型的实践活动可以提供不同的学习体验和发展机会。可以通过社会调研、参观考察、实习实训等形式的活动,让学生亲身感受社会、了解行业,促进思政教育与实际问题的结合。此外,与其他高校或社会组织合作,组织学生参加社会公益活动或志愿者服务等,也可丰富实践活动的内容和形式,拓宽学生的视野和思维。

3. 合理组织活动的时间和场所

充分考虑学生的学业负担和其他活动安排,合理安排实践活动的时间,避免给学生过大的压力。同时,要选择适当的场所和条件,确保实践活动的顺利进行。校内实验室、校外实践基地等都可以成为学生实践活动的场所,通过与社会各界的合作,还可以提供更多的实践机会和资源。

4.注意实践活动的评价和反馈

通过对实践活动的评价,可以了解学生在活动中的表现和收获,为后续活动的改进提供参考。同时,及时反馈学生的实践成果和经验,让学生能够在实践中不断反思和提升,实现知行合一。

(二)实践活动的组织与实施

在高校思政教育中,社会实践活动能够让学生亲身参与社会实践,增强他们的社会责任感和实践能力。因此,在组织和实施社会实践活动时,高校需要做好以下几个方面的工作。

1.确定实践活动的主题和目标

在组织社会实践活动之前,需要明确活动的主题和目标。主题可以根据当前的社会热点问题或者学生的兴趣爱好来确定,目标需要与思政教育的目标相一致。比如,可以选择关注环境保护的主题,并通过实践活动来培养学生的环保意识和行动能力。

2.制定详细的活动方案

在组织实践活动时,需要制定详细的活动方案,包括活动的时间、地点、内容、参与人员等。活动方案应该充分考虑学生的实践需求和资源条件,并根据实际情况进行合理的安排。例如,可以选择一天时间进行户外环保活动,让学生亲自参与垃圾清理、树木种植等实践活动,以提高他们的环保意识。

3.组织相关资源和人力

组织实践活动需要相关的资源和人力支持,比如团队合作、专家指导、活动经费等。高校可以与社会组织、企业合作,共同举办实践活动,以丰富学生的实践经验。同时,也需要有专门的教师或者教师团队负责活动的组织和指导,确保活动的顺利进行。

4. 进行活动的跟踪和评估

实践活动结束后,需要进行跟踪和评估,了解学生在实践过程中的收获和困难,并及时进行反馈。可以通过问卷调查、讨论会等形式,收集学生对活动的评价和建议,以便改进和完善今后的实践活动。

(三)实践活动的反馈与评价

实践活动在高校思政教育中扮演着重要的角色,通过参与各种实践活动,学生们能够全方位地体验、感知社会,并将课堂上学到的理论知识与实际应用相结合。然而,为了确保实践活动的有效性和可持续发展,开展对实践活动的反馈与评价至关重要。

实践活动的反馈是帮助学生更好地反思和总结自身经验的重要途径。通过组织学生进行活动总结和心得体会的分享,可以促使学生自觉地思考自己在实践中的得失和成长,从而提高他们对所学知识的理解和运用能力。实践活动反馈的形式多样,可以采用小组讨论、个体写作、展示演讲等方式,以便学生们能够充分地表达自己的观点和感受。

实践活动的评价是检验活动效果和指导今后活动改进的重要手段。在实践活动结束后,通过问卷调查、讨论分析等方式对参与的学生进行评价,可以了解学生对活动的满意度以及活动中存在的不足。评价结果能够为下一次活动提供参考和指导,并在一定程度上提高学生对活动内容的接受度和参与度。

实践活动的反馈与评价需要重视学生的主体地位,尊重他们的不同观点和经验。教师和组织者应该提供一个开放、包容和鼓励学生表达意见的环境,积极倾听学生的声音,尊重他们的个体差异和学习需求。同时,也要注重反馈与评价结果的及时性和有效性,尽可能地将调查问卷设计得简洁明了,方便学生参与和反馈。

四、网络思政教育

(一)网络思政教育的特点与优势

1. 高度的灵活性与便捷性

学生可以根据自己的时间和地点选择灵活的学习方式,不再受限于传统教学的时间和空间限制。举个例子,学生可以利用碎片化的时间通过浏览网页、观看网络视频、参与在线讨论等方式进行学习,提高学习效率并充分利用时间资源。

2. 注重互动与参与

传统的教学方式通常是教师单向传授知识,而网络思政教育则更加注重学生的主动参与和互动交流。通过网络平台,学生可以主动提问、讨论、交流意见,并与教师和其他同学产生互动。这种互动促进了学生在思政教育中的积极参与和主动思考,提高了教学的活跃度和深度。

3. 具有资源共享的特点

网络平台汇集了大量的思政教育资源,包括教学视频、文献资料、案例分析等,学生可以通过网络随时随地获取和共享这些资源。通过共享资源,学生可以扩大知识面,丰富学习内容,并从不同资源中获取多元化的观点和思考方式,提高学习的深度和广度。

4. 具有个性化教学的优势

传统教学面对的往往是大班级,无法满足不同学生成长发展的多样化需求。而网络教育提供了一种个性化教学的可能,学生可以根据自己的兴趣、特长和学习进度进行定制化的学习,更好地发挥自身的优势和潜力。

(二)网络思政教育的内容与形式

网络思政教育的内容广泛且多样化。通过网络平台,学生可以接触到丰富多样的思政教育资源。这些资源包括宣传教育材料、学术论文、教师讲座视频、在线讨论等等。通过这些内容,学生可以自主选择学习的方向和内容,满足个性化的学习需求。例如,在学习风险管理方面的内容时,学生可以选择学习有关金融市场的知识,或者选择关注环境保护的相关内容,以拓宽自己的知识面。

网络思政教育的形式灵活多样,为学生提供了更加自主、互动的学习环境。学生可以根据自己的实际情况和兴趣选择学习的时间和学习的方式。他们可以自由安排学习时间,在任何时间都可以进行学习。此外,在网络教育中,学生可以通过各种形式与教师和其他学生进行互动。他们可以在学习过程中提出问题、分享自己的见解,并与其他学生进行讨论和交流。这种互动式的学习方式促进了学生之间的合作和交流,增强了学习效果。

(三)网络思政教育的效果评价

在网络思政教育的效果评价方面,需要综合考虑多个指标。首先是学生的学习成绩和知识掌握情况,通过在线测试、作业和考试等方式,对学生的学习效果进行定量评价。其次是学生的思想认识与思维能力的提升,通过讨论、案例分析、思辨等方式,对学生的思想素养进行定性评价。最后,还需考虑学生网络思政教育的满意度和参与度等指标,以及学生在实际生活中应对问题的能力和转化能力,从而全面评价网络思政教育的效果。

第二章 高校思政教育的课程体系及构建

第一节 高校思政课程概述

一、高校思政课程的定义与分类

1. 高校思政课程的定义

高校思政课程是高校教育中一门重要的课程,旨在培养和引导学生正确的思想观念、道德操守以及文化素养。它不仅是传授知识的平台,更是培养学生人文精神和社会责任感的重要途径。高校思政课程的定义是十分广泛的,可以从多个角度进行解读。在综合考虑多方观点的基础上,我们可以将思政课程定义为一门对大学生进行思想和政治教育的课程,旨在提高学生的思考能力、拓展学生的知识面以及增强学生的社会责任感和道德素养。

2. 高校思政课程的分类

根据教学内容的不同,高校思政课程可分为思想道德修养、基本法律和法治教育、哲学原理等多个分支。这些分支课程有着自己独特的特点和教学目标,在为学生提供基本的法律知识和道德观念的同时,也能够拓宽他们的视野,提高他们的社会适应能力和思维能力。

高校思政课程还可以根据不同的课程形式进行分类,比如理论课、实践课和案例研究等形式。这些不同形式的课程都有自己独特的特点和目标,通过不同的教学方式,使学生能够将理论的学习和实践的活动相结合,全面提高自己的思维能力和问题解决能力。

二、思政课程的特性

1. 具备针对性和导向性

思政课程旨在引导学生树立正确的世界观、人生观和价值观,培养健全的思想道德素质。因此,思政课程的内容和教学方式更加关注学生的成长需求,以引导学生深刻思考和自主思考为目标。通过课程设计和教学活动,思政课程能够切实满足学生的发展需求,让学生在学习中不断认识自己、了解社会,并逐渐形成积极的人生态度。

2. 强调理论与实践的结合

思政课程不仅仅是一种理论教育,更是一种与学生现实生活相结合的实践性教育。通过引导学生参与社会实践、开展调研和讨论,思政课程能够帮助学生将所学理论知识与现实问题相结合,使理论更加具体化、应用化。这不仅有助于培养学生的实践能力和解决问题的能力,也更有助于思政课程的内在影响力的实现。

3. 注重跨学科的融合

随着社会的发展,知识的边界越来越模糊,思政课程的教学也不应仅仅局限于某一学科的知识范畴。思政课程应该借鉴哲学、政治学、社会学、伦理学等多个学科的研究成果,使学生能够全面了解和分析社会现象,培养综合思维和跨学科的能力。

4. 强调师生互动和互动学习

传统的教育模式往往强调师生间的单向传授,但思政课程则要求师生之间的积极互动与沟通。教师应该既是知识的传递者,也是学生学习的引导者和学习环境的组织者。通过与学生的互动,教师能够更好地激发学生的兴趣,提高教学效果。

三、高校思政课程的目标

在高校教育中,思政课程具有明确的目标和任务。思政课程的主要目标是培养学生的社会主义核心价值观,提高学生的思想道德水平,培养学生的理论素养和创新思维能力。

1. 培养学生的社会主义核心价值观

社会主义核心价值观是习近平新时代中国特色社会主义思想的重要组成部分,使学生具备社会主义核心价值观是培养高校学生的根本任务之一。在思政课程中,通过对社会主义核心价值观的深入学习和理解,学生可以逐渐树立正确的世界观、人生观和价值观,为成为德智体美劳全面发展的社会主义建设者和接班人奠定基础。

2. 提高学生的思想道德水平

在现代社会,每个人都面临着各种思想观念的冲击和价值观念的多样化,培养学生正确的思想道德观念显得尤为重要。思政课程通过系统的思想教育和道德培养,帮助学生形成正确的人生观、道德观和责任观,培养学生的品德修养和社会责任感。

3. 培养学生的理论素养和创新思维能力

作为高校教育的一门综合性课程,思政课程需要通过丰富的理论知识和实践案例,帮助学生提高自己的理论素养和创新思维能力。这种培养不仅包括对专业知识的学习和理解,还包括对社会现象、历史变迁和人类文明的思考与分析,使学生具备批判性思维和创新性思维的能力。

四、高校思政课程的基本内容

(一)思想道德教育的基本理论

1. 强调个体在社会中的责任和使命

传统的思想道德教育倾向于灌输道德规范和行为准则,而现如今的思想道德教育更加注重让学生认识到自己作为个体在社会中的责任和使命。通过培养学生的社会责任感和奉献精神,思想道德教育的基本理论能够引导学生在日常生活中树立正确的道德观念,并主动承担社会责任。

2. 培养学生的社会伦理意识

社会伦理意识是指学生在社会交往中应遵守的一系列规则和价值观念。通过思想道德教育的基本理论,学生能够了解社会伦理的重要性,并且明白自己在社会中的行为应与社会伦理相符合。这种社会伦理意识的培养不仅对学生个人的成长和发展有益,更可对社会的稳定和繁荣产生积极的影响。

3. 培养学生的人文精神

人文精神包含着对人类的关怀、尊重和理解,以及对人类智慧和美的追求。在学生的成长过程中,思想道德教育的基本理论有助于培养学生的人文情怀和人文素养,培养学生对人类文明的认同感和关怀意识,以及对美的追求和对创造力的发掘能力。

(二)社会主义核心价值观的教育

1. 引导学生深入理解并从内心认同社会主义核心价值观

传统的教学模式已不能完全满足学生的学习需要,因此教师应注重创新教学方法,例如运用案例分析、互动讨论、小组合作等,激发学生的积极主动性和参与意识。开展社会实践、实地考察等活动,让学生亲身感受和体验社会主义核心价值观在实践中的发展和应用,进一步巩固其对社会主义核心价值观的理解和认同。

2. 培养学生的实践能力和实践思维

学生能够在实践中获得对社会主义核心价值观的感悟和领会。例如,组织学生参与志愿服务、社团活动等,让学生在实际生活中体验到社会主义核心价值观对个人的影响和意义,提升他们的实践能力和社会责任感;鼓励学生参与科研项目、创新实践等实践性学习,培养学生的实践思维和问题解决能力,使他们能够运用社会主义核心价值观去分析和解决实际问题。

3. 注重与时俱进和创新

社会主义核心价值观的具体内容是不断发展和完善的,教师应关注最新社会变革和思想理论成果,及时更新教材和教学内容。同时,鼓励学生进行独立思考和创新实践,培养他们对社会主义核心价值观的多层次理解和掌握。此外,还可以通过开设专题讲座、邀请专家学者等方式,引导学生了解和参与相关社会活动,提升学生的社会责任感和思想觉悟。

(三)当代中国特色社会主义理论体系的教育

当代中国特色社会主义理论体系系统、完整地阐述了中国特色社会主义的内涵和发展规律,对于推动中国特色社会主义事业不断向前发展具有重要指导意义。因此,学生首先要明确这一理论的历史地位和意义,深刻领会习近平新时代中国特色社会主义思想并将其融入自己的日常学习和实践中。

当代中国特色社会主义理论体系的教育还应该包括对中国特色社会主义伟大事业的形成和奋斗历程的介绍。我们要向学生阐述中国共产党坚持以人民为中心的发展思想,坚持中国特色社会主义道路、坚持以经济建设为中心、坚持

"四个全面"战略布局的重要举措,以及中国特色社会主义制度的优势等方面的内容。通过全面而深入地了解这些内容,学生不仅能够加深对中国发展道路的认识,还能够更好地理解和把握中国特色社会主义伟大事业的前进方向。

当代中国特色社会主义理论体系的教育还应该加强对中国文化和中国价值观的教育。教师应该引导学生了解中国悠久的历史文化,传承和发扬中华优秀传统文化,培养学生对中华文化的自信心和骄傲感。同时,还要加强对社会主义核心价值观的教育,让学生明白社会主义核心价值观是中国特色社会主义的基本价值取向,是广大人民群众的共同精神追求。通过这样的教育,学生将更好地理解和践行社会主义核心价值观,积极参与到中国特色社会主义伟大事业当中去。

五、高校思政课程与学生全面发展的关系

(一)思政课程与学生思想道德发展的关系

思政课程在课程内容方面注重培养学生的道德意识和价值观。在思政课程中,学生将接触到丰富的思想和文化资源,了解到各种道德观念和价值体系,并通过讨论和思考来形成自己的道德判断和伦理观念。这有助于提高学生的道德意识,塑造正确的价值观,并为其今后的生活和职业发展打下坚实的道德基础。

思政课程通过引导学生的思考与探索,促进他们的自我认知与人际关系发展。在思政课程中,学生将被鼓励思考和质疑各种问题,包括自身的信仰、责任感和社会责任等。通过思考和辩论,学生能够更好地了解自己的内心世界,并与他人进行交流和互动,形成良好的人际关系。这有助于培养学生积极向上的人格品质和良好的行为习惯,促进他们的个人成长和社会适应能力。

思政课程还通过丰富的实践教学活动,培养学生的社会责任感和公民意识。在思政课程中,学生将积极参与社会实践活动,了解社会问题和人民群众的需求,同时也了解到自己作为一名公民所应承担的责任和义务。通过实践教学,学生能够直接接触社会、感受社会,并通过解决实际问题来增强自己的实践能力和

责任感。这有助于提高学生的社会参与意识和社会责任感,使他们成为具有良好的价值观和社会意识的公民。

(二)思政课程与学生能力素质培养的关系

在高校教育中,思政课程不仅是传授知识和价值观念的载体,更是培养学生能力素质的重要途径。通过思政课程的学习和实践,学生的能力素质得以全面发展,为他们的未来职业发展和社会参与打下坚实基础。

1. 培养学生的思维能力

思政课程注重培养学生的思辨能力和批判思维,通过分析和讨论社会现象、伦理道德问题等,激发学生的思考能力和独立思维能力。学生在课堂上进行问题的分析和解决,培养了他们的逻辑思维和创新能力。

2. 提升学生的沟通与表达能力

在思政课程中,学生经常参与小组讨论、辩论、演讲等活动,提高了口头表达能力和写作能力。通过与同学们的交流和协作,他们不仅学会了倾听和尊重别人的观点,还能够清晰地表达自己的观点,并在言辞中体现出理性和思考。

3. 锻炼学生的团队合作意识和组织能力

思政课程中的团队项目和社会实践活动,鼓励学生合作解决问题,培养他们的团队合作意识和组织协调能力。通过这些实践活动,学生学会了分工合作、有效沟通、协商取舍等,为日后的团队合作和领导能力的培养打下了基础。

4. 培养学生的创新精神与实践能力

思政课程通过启发学生思考社会问题、培养社会责任感,引导学生实践探索,激发他们的创新精神和实践能力。学生在思政课程的引导下,通过社会实践等活动,积极探索问题并提出解决方案,培养了创新思维和实践能力。

(三)思政课程与学生社会实践活动的关系

社会实践活动是指学生通过参与社会实践项目、社会实践课程等,积极融入社会,实践相关的理论知识和技能,并在实践中培养自己的能力和素质。思政课程则是培养学生思想道德素质、挖掘学生创新潜能的重要途径。因此,思政课程与学生社会实践活动之间存在着相互促进、相互渗透的关系。

思政课程可以为学生的社会实践活动提供理论指导和思想支撑。在实践活动中,学生会面临各种问题和挑战,思政课程可以通过教授相关的理论知识和价值观念,帮助学生理解问题的本质、分析问题的根源,并提供解决问题的方法和思路。例如,在参与社会实践项目时,学生可能会面临一些道德困境和伦理问题,思政课程可以引导学生树立正确的道德观念,帮助他们在实践中正确抉择。

社会实践活动可以为思政课程提供具体的案例和实践基础。思政课程需要教授各种理论知识和思想观念,其中的抽象概念和理论框架可能对学生来说难以理解和接受。而通过参与社会实践活动,学生可以亲身经历和感受到这些理论在实践中的应用和作用。例如,在实践中学生可能会遇到一些社会问题,而思政课程可以通过分析这些问题的本质和原因,引导学生去思考、研究和解决这些问题。

思政课程与学生社会实践活动的关系还体现在能力培养和素质提升上。社会实践活动能够锻炼学生的实践能力和团队协作能力,培养学生的创新精神和实践能力。而思政课程则可以通过授课和讨论,引导学生对自身的成长和发展进行反思和总结,提高学生的自我认知和自我管理能力。例如,在参与社会实践活动时,学生可能会遇到一系列的挑战和困难,思政课程可以通过鼓励学生克服困难、培养毅力和耐心,提高学生的心理素质和抗挫能力。

思政课程为学生社会实践活动提供理论支撑,而学生的实践活动则为思政课程提供具体的案例和实践基础。双方通过互动与交流,共同促进学生的全面发展,培养学生的社会责任感和创新精神,使他们在现代教育体系中扮演重要的角色。因此,高校应该重视思政课程与学生社会实践活动的有机结合,为学生提供更好的发展平台和机会。

六、高校思政课程在现代教育体系中的地位

(一)高校思政课程在提高学生素质教育中的作用

1. 帮助学生树立正确的人生观

在知识爆炸的时代,学生面临着各种价值观的冲击和诱惑。思政课程通过深入探讨人生意义、价值追求和社会责任等话题,引导学生审视自己的生命价值,并明确自己与社会的关系。通过思政课程的学习和讨论,学生将逐渐形成积极向上、勇于担当的人生态度和价值取向。

2. 培养学生的社会责任感

随着社会的不断发展和进步,学生需要具备较高的社会责任感,关心社会问题,积极参与社会实践。思政课程通过引导学生思考社会问题和提供相关的案例分析,激发学生的社会责任感,增强他们对社会和国家发展的关注和参与。通过思政课程的学习,学生将意识到自己作为高校学生的特殊责任,培养出为社会进步贡献力量的使命感和担当精神。

3. 培养学生的道德品质

作为大学生活的重要组成部分,道德品质的培养对于学生的全面发展至关重要。思政课程通过引导学生学习和思考伦理道德问题,帮助他们建立正确的道德观念和行为准则。通过思政课程的学习,学生将了解到道德的重要性,明确什么是正确的道德选择,并通过实践来锻炼和提升自己的道德品质。

(二)高校思政课程对当代大学生的塑造作用

1. 帮助学生树立正确的世界观

通过学习思政课,学生能够接触到各种不同的学科知识,了解到世界的多样性和复杂性。思政课程可以激发学生的思考能力,培养学生对现实问题的敏感度和洞察力。在这个过程中,学生对于自己处于世界上的位置和角色有了更清晰的认识,能够形成一个科学而全面的世界观。

2. 塑造学生正确的人生观

学生处于成长期,正在面对许多关于人生方向和目标的思考。在思政课程中,学生接触到了许多优秀的人生经验和故事,了解到了不同的人生价值追求。思政课程引导学生思考人生的意义和价值,帮助他们树立积极向上的人生观,并且扩大他们对人生可能性的认知。通过思政课程,学生在摸索中逐渐形成对自己人生的规划和目标,提高了个人的生活品质和幸福感。

3. 培养学生正确的价值观

现代社会价值观多元化,学生在面临各种选择时常常感到迷茫。思政课程通过传授人文精神、道德伦理等知识,引导学生形成正确的价值判断和行为准则。思政课程强调社会责任感和公民意识的培养,通过典型案例的分析和讨论,引导学生认识到自己的社会角色和责任。在思政课程中,学生能够更深入地思考自己的行为对社会的影响,从而形成持之以恒的正确价值观。

(三)高校思政课程在构建和谐社会中的作用

1. 有助于培养学生的社会责任感和公民意识

通过学习思政课程,学生将深入了解国家的法律法规和道德准则,并认识到个人在社会中的责任与义务。这些价值观的培养将使得学生在未来的社会生活中具备良好的公民素质,并主动投身于社会进步与发展的事业中。

2. 有助于培养学生的社会合作意识和团队精神

在思政课程中,学生将学习到社会的复杂性和多样性,了解到社会中的个体之间是相互联系和相互依存的。通过与同学们的讨论和合作,学生将培养出团队合作的能力,并在实践中学会尊重他人、欣赏他人和接纳不同的观点。这种团队精神的培养将为学生今后在社会中更好地与他人合作提供坚实的基础。

3. 有助于培养学生的创新思维和解决问题的能力

思政课程强调批判性思维和创新能力的培养,通过启发学生的思维,激发他们的想象力和创造力。学生将学习到独立思考的能力,学会提出问题、分析问题、解决问题。这种创新思维的培养将使得学生在未来的职业生涯中更具竞争力,能够适应社会快速变化的需求,并提供创新解决方案。

4. 有助于培养学生的社会关怀和公益意识

在思政课程中,学生将接触到社会中的各种问题和挑战,了解到弱势群体的存在和他们所面临的困境。通过组织社会实践和公益活动,学生将深入了解社会问题的实际情况,并主动努力为社会做出贡献。这种社会关怀和公益意识的培养将使得学生在未来的社会角色中能够以更加积极的态度参与社会公益事业,推动社会的进步和发展。

第二节 高校思政课程体系的构建

一、高校思政课程体系的框架

(一)结构框架

1. 具备科学性和系统性

科学性是指结构框架应当符合教育学、心理学等相关学科的研究成果,确保思政课程的内容和方法有科学依据。而系统性则体现在结构框架应当能够将各个单元之间的关系有机地连接起来,形成一个整体的教学体系。

2. 具备循序渐进的特点

从浅入深、由易到难是构建思政课程体系的基本原则。在结构框架中,应当合理划分不同的阶段或模块,将各个知识点和主题进行巧妙的组织和安排,以提高教学效果和学习质量。

3. 具备适应性和灵活性

适应性指的是结构框架应当能够适应国家、地区以及学校的具体情况和需求。不同地区和学校可能存在各自独特的文化背景和教育目标,因此结构框架需要灵活调整,以满足不同需要。结构框架也应当具备灵活性,允许在实际教学中根据具体情况做出调整和修正,以提高教学效果和学习体验。

4. 具备协同性和整体性

协同性体现在结构框架应当能够将不同课程单元之间的关系和联系进行明

确和强调,形成一种有机的协作关系。这有利于学生全面地理解和掌握思政课程的核心要义。整体性则强调思政课程体系的整体目标和价值观念,这些目标和观念应当通过结构框架表达出来,并贯穿于整个课程体系的设计和实施之中。

(二) 功能框架

功能框架旨在通过明确思政课程的目标和重点,为学生提供系统、全面的思想政治教育。具体而言,功能框架应包括以下几个方面。

1. 明确思政课程培育思政素养的功能

高校思政课程体系的目标之一是培养学生的思想政治素养。因此,在功能框架中,需要明确思政课程如何通过课程内容和教学方法,培养学生的爱国主义情怀、社会主义核心价值观等核心思想和价值观。例如,可以通过引导学生参与社会实践活动、开展思想品德教育等方式,提高学生的思政素养。

2. 明确思政课程知识传授和能力培养的功能

思政课程既要传授学生必要的知识,也要培养学生的思辨能力、创新能力、领导能力等。在功能框架中,可以明确思政课程如何通过教学内容和教学方法达到这些目标。例如,可以通过引导学生进行文献研究、开展团队合作、参与社会调研等方式,提高学生的知识水平和能力素养。

3. 考虑思政课程促进学生全面发展的功能

高校思政课程体系的设计应该关注学生的全面发展,包括思想、品德、智力、体质、美育等方面。在功能框架中,可以明确思政课程如何通过多元化的教学内容和教学方法,促进学生的全面发展。例如,可以通过引导学生参加文艺活动、开展体育运动、进行综合实训等方式,培养学生全面发展的能力和素养。

4. 注重思政课程的实践教学功能

高校思政课程体系的实施应该注重将理论与实践相结合,通过实践教学来加深学生对思政知识的理解和应用。因此,在功能框架中,应该明确思政课程如何通过实践教学活动培养学生的实践能力和解决问题的能力。例如,可以通过实地考察、社会实践、实验教学等方式,提高学生的实践能力和创新能力。

二、高校思政课程体系的构建原则

(一)教育普遍性原则

教育普遍性原则强调思政课程的普遍性和包容性,旨在确保每位学生都能够受到高质量的思政教育。具体而言,教育普遍性原则要求思政课程体系在内容、形式、教学方式上都能够适应不同学生的特点和需求。

教育普遍性原则要求思政课程体系涵盖广泛的学科内容。思政课程应该突破学科界限,融合哲学、政治学、经济学、法学、社会学等多学科知识,以全面而兼容的方式呈现给学生。这样能够满足学生对综合知识的需求,帮助他们建立起系统的思维框架,提高综合分析和解决问题的能力。

教育普遍性原则要求思政课程体系注重学生的个性化发展。每个学生都有自己的兴趣、特长和潜能,在思政课程中应该给予他们充分的发展空间。比如,引入实践案例、小组讨论、个人研究等灵活多样的教学方法,鼓励学生主动参与和实践,培养他们的创新精神和批判思维能力。只有满足学生的个性需求,才能够激发他们对思政课程的兴趣和学习的积极性。

教育普遍性原则还要求思政课程体系关注社会多元性和地域特色。不同地区、不同文化背景下的学生具有不同的生活经历和社会认知,对思政教育的需求也不尽相同。因此,思政课程体系应该具备一定的灵活性和开放性,充分考虑学生的实际情况和所处环境,有针对性地设计和调整教学内容,以便更好地满足学生的学习需求和价值追求。

(二)教育实践性原则

教育实践性原则强调思政课程应该紧密结合实际教育环境和实践要求,注重培养学生解决实际问题的能力和实践能力。在教育实践性原则的指导下,高校思政课程体系的构建应该注重以下几个方面。

1. 注重融入实际问题

思政课程应该关注当前社会、经济、政治等实际问题,通过深入剖析和探讨这些问题,引导学生深入思考。例如,在学习社会主义核心价值观时,可以通过分析当前社会道德风气、公共精神等问题,引导学生思考如何树立正确的价值观和个人行为规范。

2. 强调实践环节的设置

在构建思政课程体系时,应该注重设计与实践相关的教学环节,如实践课程、社会实践等。通过参与实际活动和实践实习,学生可以将所学的理论知识应用到实践中,提高实际问题解决能力和实践技能。例如,组织学生参与社区服务活动,让他们亲身感受社区问题,锻炼社会责任感和公民意识。

3. 注重案例分析和实践经验分享

思政课程体系的构建应该包括案例分析和实践经验分享的环节。通过案例的选择和分析,学生可以了解各种实际问题的背景、原因和解决方法,培养问题解决能力和创新思维。通过实践经验的分享,学生可以借鉴他人的成功经验和失败教训,提高实践能力和自我反思能力。例如,在学习社会实践课程时,可以邀请社会各界人士来校分享他们的实践经验和感悟,激发学生的热情和思考。

(三)教育先进性原则

在高校思政课程体系的构建过程中,教育先进性原则强调的是构建一个符合时代要求、与社会发展相适应的思政课程体系。它要求思政课程紧跟时代潮流,注重引导学生对当代社会问题进行深入思考和培养对正确价值的判断能力。

教育先进性要求思政课程关注当前社会的发展变化。社会是一个不断发展变化的动态系统,思政课程作为社会主义核心价值观教育的重要内容,需要根据社会的实际变化不断刷新自身的内容和形式。因此,在构建思政课程体系时,我们需要紧密关注社会问题,研究社会变化的特点和趋势,及时调整和更新课程内容,确保思政课程体系与时俱进。

教育先进性要求思政课程注重前沿理论和科技成果的引入。高校作为知识传授和创新研究的场所,思政课程应该充分利用学校的学术资源和专业人才,引入前沿的理论研究成果和科技创新成果,使思政课程更具学术深度和更新性。引入先进的理论和科技成果,可以激发学生的学习兴趣,培养他们的创新思维和解决问题的能力。

教育先进性要求思政课程关注国际交流与比较。现代社会是一个多元和开放的社会,国际交流和比较具有重要的意义。在构建思政课程体系时,我们需要关注国际思政教育的发展动态,学习借鉴国际上先进的思政课程理念和教学方法。通过与国际接轨,可以使思政课程更贴近国际社会的发展和需求,培养具有全球视野和国际竞争力的高素质人才。

三、高校思政课程体系的内容设计

(一)基础理论部分设计

基础理论部分是学生理解和把握马克思主义基本原理的基础,也是培养学生政治思维能力的重要环节。在设计基础理论部分时,需要依据不同学年和不同层次的学生特点,合理选择和组织教学内容。

1.引入多种教学手段和资源

例如,在基础理论部分教学中,可以运用多媒体技术和互联网资源,通过视频、图片、音频等多种形式,让学生在互动中学习和思考。同时,可以通过案例分析、讨论、阅读经典著作等方式,培养学生的批判思维和创新精神。

2.加强与实践教学部分的衔接

例如,可以将基础理论和社会实践相结合,鼓励学生参与社会实践活动,通过实践来检验理论的正确与否。这样一来,学生不仅能够更好地理解马克思主义基本原理,还能够将所学的理论知识应用到实践中,提高解决实际问题的能力。

3.鼓励学生进行研究型学习

通过引导学生进行研究型学习和论文撰写,培养学生的科学研究能力和创新思维。可以要求学生选择一个与基础理论相关的话题,深入研究并撰写一篇小论文,通过这种方式巩固对基础理论的理解和掌握。

(二)实践教学部分设计

在高校思政课程体系的构建中,通过实践教学,可以帮助学生将抽象的思政理论与实际问题相结合,提高学生的实践能力和问题解决能力。在思政课程体系的内容设计中,实践教学部分的设计要具有一定的特点和原则。

1.立足于学生的实际需求

高校学生是具有一定实践经验和实践兴趣的群体,他们通常希望能够将所学知识与实践相结合,增加学习的乐趣和对知识的理解。因此,在实践教学部分的设计中,应考虑学生的实践需求,选择与课程内容相关的实践活动,使学生能够在实践中感受到理论的实际应用。

2.注重培养学生的实践能力

实践教学活动应旨在培养学生的实践操作技能、团队合作能力以及创新思维能力。例如,在实践教学部分中可以组织学生参与社会调查研究、社会实践活动、模拟实验等,通过实践的方式提高学生的实践能力和问题解决能力。可以设计一些课程任务或项目,要求学生在实践中解决实际问题,增强他们的实践操作技能和创新思维能力。

3. 突出案例分析

通过案例分析,可以将抽象的思政理论与实际案例相结合,帮助学生更好地理解和应用思政知识。案例分析部分可以选择一些具有代表性的实际案例,涉及不同领域和层面的问题,引导学生分析案例,思考案例中存在的价值观、人文关怀等因素,并结合所学知识进行讨论和设计解决方案。通过案例分析,学生能够更加深入地理解思政理论的内涵和实际意义,提高批判性思维和分析能力。

4. 鼓励学生进行研究型学习

研究型学习是一种以问题为导向、以学生为中心的学习方式,通过学术研究、实践项目等方式,培养学生的独立思考能力和创新能力。在实践教学部分,可以引导学生选择一些有挑战性的课题,进行研究型学习,并鼓励他们发表学术论文、参与学术交流等。通过研究型学习,学生能够深入思考问题,提高解决问题的能力,同时也能够培养独立思考能力和创新能力。

(三)案例分析部分设计

在高校思政课程体系的内容设计中,通过案例分析,学生可以深入了解和思考各种实际情况下的道德、法律、文化等问题,培养综合分析和解决问题的能力。

案例分析部分的设计应注重理论联系实际的原则,确保案例具有时代性和普遍性。案例的选择要紧密结合当前社会热点问题和学生的生活实际,既要有时代性,又要有普遍性。例如,在探讨社会公义问题时,可以选择当代经典案例,如社会不公平现象、贫富差距等,通过深入分析案例,引导学生思考社会公正的价值和意义。

案例的设计要具有针对性和系统性。案例的设计应围绕特定问题或主题展开,通过多个维度和角度的深入剖析,使学生能够全面理解和把握案例中的问题。例如,针对环境保护问题,可以设计多个与环境相关的案例,如水资源短缺、空气污染等,以便学生可以从不同角度思考和讨论环境保护的问题。

案例分析部分的设计还应注重问题提出和解决的过程。教师可以引导学生提出问题,通过分析案例和辩证思维,让学生自主探索解决问题的方法和思路。例如,在讨论道德与利益冲突的问题时,教师可以引导学生在案例中发现利益冲突的根源,并让他们分析利益冲突如何影响道德选择,以及如何解决这种冲突。

案例分析部分的设计应注重案例与理论的结合。案例只有与相应的理论知识相结合,才能更好地启发学生思考和理解案例中的问题。例如,在案例中涉及社会公义问题时,教师可以引导学生运用伦理学、政治学等相关理论知识,加深对案例中社会公义问题的理解和思考。

四、高校思政课程体系的实施

(一)教师队伍建设

在高校思政课程体系的实施中,构建一支专业化、复合型的高水平教师队伍,对于提升思政课程质量和效果起着至关重要的作用。因此,高校需要采取一系列措施来加强教师队伍建设。

1. 加强教师的理论学习和专业培养

思政课程教师应具备扎实的马克思主义理论基础,深入理解党的路线、方针、政策,以及当前国内外的政治、经济、文化等方面的知识。为此,高校可以组织教师参加理论学习班、专题培训等活动,提高教师的理论素养和学科水平。

2. 提升教师的教育教学能力

教师在思政课程教学中不仅需要传授知识,更需要培养学生的思想品德和社会责任感。因此,高校可以通过教学培训、教学观摩等途径,帮助教师提升课堂教学能力,掌握多种灵活的教学方法与方式,引导学生积极思考和讨论,提高课堂互动的效果。

3. 加强教师的职业发展与评价体系建设

建立健全的职称评审制度,为思政课程教师提供更多的晋升机会和发展空间。此外,高校还可以设立优秀思政课程教师奖励机制,激励教师积极投入思政课程教学中,不断提高自身的教学水平和科研能力。

4. 积极开展教师交流与合作

组织教师参加国内外学术会议、学术交流活动,增强教师的学术研究能力和国际化视野。此外,高校还可以与其他高校、研究机构建立合作关系,共同开展教材编写、教学资源共享等工作,加强思政课程教师之间的交流与合作。

(二)教学资源开发

教学资源是指为教学活动提供支持和帮助的各种资源,包括教材、教具、多媒体课件、网络资源等。教学资源的优化和开发对于提升思政课程的教学效果和吸引力至关重要。

1. 注重多样化和创新性

在构建思政课程体系时,教师应充分发挥自身的创造力,开发出符合学生需求和特点的多元化教学资源。可以利用现代技术手段,开发出生动有趣的多媒体课件和互动教学工具,以激发学生的学习兴趣。

2. 注重前瞻性和实用性

随着社会的不断发展,思政课程所要传递的信息与知识也在不断更新。因此,教学资源的开发应紧跟社会变化和学科前沿,以便及时反映最新的社会问题和思想动态。同时,教学资源的开发也应与实际结合,注重培养学生的实践能力和解决问题的能力。

3.注意资源的共享和交流

教师可以通过教师团队的协作和资源共享,充分利用各种教材和教学资料,提高教学效率和质量。此外,教师还可以通过学术交流和合作,与其他高校或学科专家进行交流和分享,互相借鉴经验和资源,提高思政课程体系的建设水平。

第三节 高校思政课程评价与反馈机制

一、高校思政课程评价的目的与意义

(一)思政课程评价的目的

思政课程评价的目的在于全面客观地评估和衡量思政课程的教学质量和效果,进一步提升思政教育的实施水平和教育质量。具体来说,思政课程评价的目的有以下几个方面。

1.促进师生之间的互动和交流

评价可以为教师提供有关课程设计、授课方法和教学效果的反馈信息,帮助教师发现自身教学中存在的不足,并及时进行改进和优化。评价还可以为学生提供参与评价和反馈的机会,让他们能够主动参与教学过程,表达对课程的意见和建议,从而提高教学的参与度和满意度。

2.保证思政教育的质量和有效性

评价可以通过对教学内容、教学方法、学习效果等方面的评估,帮助学校及时发现和解决思政课程教学中存在的问题和挑战,确保教育目标的实现。评价还可以为学校提供科学、合理的依据,帮助他们进行教育改革和优化思政教育的措施,提高教育的科学性和针对性。

3. 推动学生的全面发展

评价可以对思政课程中的知识、能力和素养等方面进行评估,帮助学生了解自己的学习状况和进步情况,促使他们自觉地进行学习和自我发展。评价还可以通过对学生的评估,提供有针对性的教育措施和帮助,推动学生的全面发展,培养他们的创新能力、领导能力和社会责任感,以适应社会的需要和挑战。

(二)思政课程评价的意义

思政课程评价有助于提高高校教育教学质量。通过评价,可以及时发现和纠正教学中存在的问题,为教师提供改进教学的参考和指导,进一步提高教师的教学水平。

思政课程评价有助于激发学生的学习动力和兴趣。评价结果可以向学生展示他们在思政课中的表现,鼓励他们在学习中持续努力,形成自主学习的习惯。同时,评价还可以帮助学生发现自己在思政教育方面的不足,进一步引发他们对人生、社会等问题的思考,提高他们的综合素养。

思政课程评价还有助于提升高校的社会声誉。一所高校的思政教育水平是评价其综合实力的重要指标之一,通过评价可以促使高校加强思政课程建设,提升教育品质,赢得社会的认可和肯定。最后,思政课程评价对于完善高校教育体系、培养优秀人才有着重要的推动作用。评价结果可以为教育部门提供参考信息,为高校制定和完善教育政策提供依据,推动高校思政教育的改革和发展,培养更加符合社会需要、具有良好思想道德素质的人才。

二、高校思政课程评价的标准与方法

(一)思政课程评价的标准

思政课程评价的标准是评价工作的核心,它旨在衡量思政课程的质量和效果。为了确保评价的科学性和客观性,需要明确一些评价标准。思政课程的目标导向是评价的重要标准之一。这包括课程是否能够明确培养学生的思想道德修养,是否能够提高学生的思辨能力和创新精神等。知识传授与能力培养是另一个重要标准。思政课程应当在确保学生获得政治理论知识的同时,也能够培养学生的理论分析和问题解决能力。课程内容和教学方法的创新也是评价标准的一部分。思政课程需要紧跟时代发展的脚步,不断更新内容和教学方法,以满足学生的需求和社会的要求。

评价标准还涉及思政课程的组织管理和师资队伍建设。思政课程评价应当考查学校是否具备科学完善的规划和组织管理体系,是否有高素质的思政课教师队伍。这些都是保证思政课程教学质量的重要条件。

在进行思政课程评价时,还要考虑不同学校、不同层次和不同阶段的特点和需求。因此,在制定评价标准时,也应该充分考虑到适用性的问题。评价标准要具有灵活性和可操作性,能够根据实际情况进行调整和优化,以确保评价体系的可持续发展和有效实施。

(二)思政课程评价的方法

1. 定性评价方法

通过观察、访谈、问卷调查等手段,收集学生在思政课程中的主观认知、态度、价值观等信息,从而对思政课程的质量和效果进行综合评估。定性评价方法能够直观地展现学生对思政课程内容的理解程度和学生的思想健康状况,为改进和完善课程提供参考意见。

2. 定量评价方法

通过统计学方法和量化工具,例如使用问卷调查的定量数据,将学生对思政课程的认知、态度、知识掌握情况等进行量化分析和比较。定量评价方法能够提供更为精确和可比较的评价结果,为制定政策和决策提供依据。

3. 案例分析法

通过对思政课程实际案例的分析,可以深入了解思政课程在实践中的应用和效果。通过对案例的具体描述和分析,思政课程的优点和不足就会更加清晰地显现出来,为改进和优化课程提供参考。

4. 利用信息化技术手段

评价方法还可以充分利用信息化技术手段,例如学习管理系统、在线评价平台等,进行在线评价和数据分析。通过在线问卷调查和自动化数据处理,能够高效地收集和分析大量学生的评价意见和反馈,为提高高校思政课程的专业性和时效性提供支持。

(三)标准与方法的适用性分析

在思政课程评价的标准方面,应该注重其具体性和操作性。评价标准应该明确而具体地指导评价的进行,而且要能够反映思政课程的特点和目标。例如,我们可以制定针对思政课程教学内容的评价标准,包括教学内容的科学性、思想性和时代性等方面;还可以制定针对教学方法和教师素质的评价标准,以确保评价的全面性和客观性。

在思政课程评价的方法方面,有必要选择多样化的评价方法,全面了解学生对课程的掌握程度和对思政教育目标的实际达成情况。评价方法应该综合运用定性和定量的手段,例如,通过问卷调查、小组讨论、个案分析等方式收集学生的意见和反馈,同时结合课堂观察、作业考核等手段进行客观的评价。还可以充分利用信息技术手段进行数据分析和统计,以提高评价的科学性和准确性。

在标准与方法的适用性分析中,需要考虑到评价的可操作性和适用性。评价标准和方法应该具备广泛适用性,既能够适应不同学校、不同课程的特点,也要考虑到评价的可操作性和可持续性。因此,在制定评价标准和方法时,我们应该充分考虑到实际的课程情况和学生群体特点,以确保评价的有效性和实用性。

三、高校思政课程评价的实施步骤

(一)评价准备

在高校思政课程评价的实施过程中,评价准备是为了确保评价工作的顺利进行和评价结果的准确性,它包括评价目标的明确、评价指标的确定、评价对象的选择、评价工具的设计等内容。

1. 明确评价目标

这是评价工作的出发点和基础。通过明确评价目标,我们可以确保评价的方向正确、目的明确。例如,在高校思政课程评价中,评价目标可以包括开展全面深入的思政教育、提高学生的思想政治素质等方面。

2. 确定评价指标

评价指标是评价工作的具体依据和衡量标准。在高校思政课程评价中,评价指标可以包括教学内容的科学性、教学方法的适切性、教师的教学能力等方面。通过确定评价指标,我们可以对思政课程的各个方面进行全面、客观的评价。

3. 选择评价对象

评价对象是指需要评价的主体或者单位。在高校思政课程评价中,评价对象可以包括学生、教师、教学内容等方面。通过选择评价对象,我们可以从不同的角度,全面了解思政课程的质量和效果。

4. 设计评价工具

评价工具是评价工作的具体手段和方式。在高校思政课程评价中,评价工具可以包括问卷调查、实地观察、访谈等方法。通过设计合理的评价工具,我们可以收集各方面的信息数据,为评价结果的分析和处理提供参考依据。

(二)评价实施

在评价实施阶段,需要按照一定的方法和步骤对思政课程进行全面、客观、科学的评价,以确保评价结果的有效性和可靠性。

评价实施前需要明确评价的目的和意义。高校思政课程评价旨在全面提升思政课程质量,增强思政教育的实效性和针对性。通过评价实施,既能发现思政课程存在的不足,为改进工作提供依据,也能充分肯定和表彰优秀的思政课程,为优化教学资源配置提供参考。

评价实施应采用科学的评价标准和方法。评价标准应明确、可操作,既包括教学目标的达成情况,也包括学生对思政课程的感知和反馈。评价方法包括问卷调查、访谈、观察等方式,充分收集不同角度和层次的评价信息。

在评价实施过程中,还需要注意保障评价的客观性和权威性。评价应以事实为依据,避免主观臆断和个人偏见的影响。评价过程应严格遵守评价原则和程序,确保评价结果具有可信度和说服力。

评价实施中的数据收集和处理也至关重要。数据收集应全面、准确,并确保数据的可比性。评价结果的处理应科学、合理,利用统计分析和比较研究等方法,对评价数据进行分析和解读,形成客观、全面的评价结论。

评价实施后需要对评价结果进行反馈和应用。评价结果应及时向相关教师、学生和管理者反馈,以促进对思政课程的改进和优化。同时,评价结果还可以作为学校和部门进行决策和管理的参考依据,推动高校思政课程的优化和发展。

四、反馈机制的构建与运作

(一)反馈机制的构建

1. 明确反馈的目标和内容

反馈应该是有针对性的,不仅要反映学生对思政课程的认识和理解程度,还应该关注学生对思政课程所培养的思想道德素养和社会主义核心价值观的接受情况。因此,在构建反馈机制时,需要明确反馈的目标和内容,以便更准确地把握学生对思政课程的理解和接受程度。

2. 选择适当的反馈方式和工具

反馈方式和工具的选择应该根据特定的评价目标和内容,同时考虑到学生的接受程度和方便程度来确定。例如,可以采用问卷调查、访谈、小组讨论等方式收集学生对思政课程的反馈信息。还可以利用信息化技术,如在线评价系统或移动应用程序,方便学生进行反馈。

3. 确保反馈信息的可靠性和保密性

在构建反馈机制时,应该采取措施确保反馈信息的可靠性和保密性。可靠性的保证可以通过设立多个数据源、采用标准化问卷等方法实现。同时,保密性也是很重要的,学生应该放心地提供反馈信息,而不必担心个人隐私泄漏的问题。

4. 及时反馈和回应

反馈机制不仅仅是收集学生的反馈信息,更重要的是将这些信息及时反馈给相关教师和管理者,并采取相应的措施来回应和改进。及时反馈和回应可以让学生感受到他们的意见被认真关注和重视,也可以帮助教师和管理者调整教学内容和方法,提高思政课程的质量。

(二)反馈机制的运作方式

1. 反馈机制的核心在于学生参与和反馈

学生是思政课程的主体,他们可以通过课程评价来表达对课程的意见。高校可以采用各种形式的问卷调查、讨论会、小组讨论等方式,向学生征求反馈意见。通过与学生的交流和互动,了解他们对课程的看法,听取他们的建议和意见,从而提高教学质量。

2.反馈机制需要充分利用现代科技手段

随着信息技术的发展,高校可以利用在线问卷调查、教学平台、社交媒体等工具,提供给学生更加便捷和灵活的参与方式。学生可以在不受时间和空间限制的情况下,对思政课程进行评价和反馈。高校可以通过数据分析和挖掘技术,对大量的学生反馈进行统计和分析,从而更好地了解学生的需求和意见。

3.反馈机制应该具备及时性和连续性

高校可以定期组织学生对思政课程进行评价,确保反馈信息能够及时传达给教师和相关部门。同时,还可以建立长期跟踪机制,对改进措施的实施效果进行评估和反馈。这样可以实现反馈的不断循环,推动教学质量的提高。

4.反馈机制需要建立有效的沟通渠道和反馈追踪机制

高校可以设立评价委员会或类似的机构,负责收集、整理和分析学生的反馈,同时与教师和相关部门进行沟通和交流,共同制定改进方案。此外,还可以通过定期召开听证会、座谈会等形式,邀请学生代表参与,进一步促进学生与教师之间的互动和交流。

(三)反馈机制的效果评估

通过对反馈机制的评估,可以及时了解到学生对思政课程的意见和建议,促进课程不断优化和改进。以下将从几个方面对反馈机制的效果进行评估。

1.评估反馈机制的有效性

有效的反馈机制应当能够及时、准确地收集到学生的反馈信息,并能够做到信息的保密性和匿名性,以确保学生能够真实地表达自己的看法。反馈机制还应当具备及时响应和处理反馈信息的机制,确保学生的反馈得到合理的回应和解决。

2. 评估反馈机制的全面性

一个好的反馈机制应当能够涵盖各个方面的评价内容,包括思政课程的内容、教学方法、教师的教学水平等。通过综合评估不同方面的反馈,可以得出对思政课程全貌的客观认识,有针对性地进行调整和改进。

3. 评估反馈机制的参与度

反馈机制应当能够吸引学生积极参与,让学生对课程有更多的话语权和参与度。通过鼓励学生参与反馈,可以获得更多真实且具有代表性的反馈信息,提高评估的准确性和可靠性。

4. 评估反馈机制的改进性

一个好的反馈机制应当具备持续改进和优化的能力,能够根据实际情况不断调整和改进。通过定期对反馈机制进行评估,可以及时发现存在的不足,并提出改进的建议和措施,以实现反馈机制的持续改进。

第三章　高校思政教育的实践探索

第一节　高校思政教育实践基地的建设与管理

一、实践基地建设的必要性

（一）思政教育的现状与问题

思政教育具有培养学生思想道德素质、价值观和社会责任感的使命。然而，当前的思政教育在一些方面仍存在一些不足。

首先，思政教育的内容和方法相对滞后，往往停留在传统的知识灌输与灌输式教育模式上，没有及时跟上时代的发展和学生的需求。其次，学生对思政教育的重视程度不够，往往将其当作一门功利性的课程，缺乏主动学习的积极性。再次，现有的思政教育资源分散，各学科间缺乏整合，没有形成有机的、连贯的教育体系，导致思政教育效果不佳。最后，以往的思政教育多以课堂教学为主，缺少与实际社会问题相结合的实践环节，学生对思政教育的实践性理解不深，应用能力不足。

面对这些问题，构建适应时代需求和学生特点的思政教育体系刻不容缓。实践基地的建设成为重要的解决途径之一。实践基地是将理论知识与实践操作相结合的场所，有利于学生通过身临其境、实践参与的方式，更好地理解和应用思政教育的内容。例如，可以与社会机构合作，在实践基地开展社会调研、志愿服务等活动，使学生更好地体验社会实际问题，增加对思政教育的认同感和对实践意义的理解。此外，实践基地还可以整合高校内外部资源，建立跨学科的教育体系，实现思政教育资源的互补与共享。这种基于实践的思政教育模式将为学生的全面发展提供更多元化的机会。

(二) 实践基地在思政教育中的作用

1. 为学生提供一个真实的学习环境和实践平台

在实践基地中,学生可以亲身参与社会实践活动,与不同背景、不同思想的人们进行交流和互动。通过与社会互动,学生可以更加深入地理解和感受社会的现实问题,培养社会责任感和参与社会发展的意识。

2. 促进学生的综合能力和素质全面发展

在实践基地中,学生不仅仅是听书本知识,更是将书本知识与实践相结合。通过实践活动,学生可以运用所学知识解决实际问题,并通过实践中的反思和总结,不断提升自己的分析、判断、沟通和解决问题的能力。同时,实践基地也为学生提供了锻炼自主学习、团队合作和领导能力的机会,培养学生的创新精神和团队精神。

3. 激发学生的兴趣和潜能

通过实践活动,学生可以探索和发现自己的兴趣爱好,从而激发起学习的动力。在实践基地中,学生可以参与各类社会实践项目,发现自己的潜力和特长,并通过实践经验的不断积累和实践成果的展示,增强自信心和自我价值感。

(三) 实践基地建设的需求与挑战

高校思政教育实践基地的建设需要满足广大师生对实践教学的需求。随着社会的发展和改革开放的深入推进,思政教育已经不再仅仅限于传统的课堂教学,而是越来越注重培养学生的实践能力和综合素质。因此,高校思政教育实践基地应当提供多元化、切实可行的实践机会,让学生能够深入实践中去感受和探索。

实践基地的建设还需要面对资源整合与利用的挑战。不同院系、学科之间的资源难以集中统一,这就要求我们在建设实践基地的过程中,要充分调动各方面的资源,进行有效的整合和利用。这需要学校与企业、社会组织之间建立紧密的合作机制,实现资源共享和互利共赢。只有通过有效的资源整合和利用,才能真正满足学生的综合实践需求。

实践基地的管理也是一个亟待解决的问题。实践基地涉及师生在校外的实践活动,因此需要建立起科学的管理体系和规范的管理制度。通过制定合理的管理规定和流程,对实践基地的活动进行有效监督和指导,确保实践教学的质量和安全。同时,还要加强对实践基地的评估和考核,建立起长效的质量保证机制,不断提升实践教学水平和效果。

二、实践基地建设的规划

(一)实践基地的定位与设计

在确定实践基地的定位时,需要考虑到高校的特点和目标,以及社会对高校思政教育的需求。实践基地应该与高校的学科和专业方向相匹配,以确保学生能够在实践中得到与其学习内容相关的经验。实践基地还应与社会发展需求相契合,关注当前的社会热点问题,培养学生关心社会、担当社会责任的意识和能力。

在设计实践基地时,需考虑到基地的功能与需求。首先,基地应提供丰富多样的实践活动场景,以满足学生不同学科和专业的需求。例如,针对艺术类专业的学生,可以设立艺术创作室、展览厅等场所;对于社会科学类专业的学生,则可以设立模拟法庭、调解室等场所。其次,基地的设施应充分考虑到学生的学习和实践需求。例如,需要提供先进的科研设备、多媒体教室、图书馆等学习资源,以及实践相关的场所和设备,如实验室、实训基地等。最后,基地的设计还需注重舒适性和环境友好性,为学生提供良好的学习和实践环境。

(二)实践基地的设施规划

1. 实践基地的功能定位

根据实践基地的具体定位,可以确定相应的设施需求。例如,如果实践基地主要用于学生教学实践活动,那么需要配备教室、实验室、演播室等教学设施;如果实践基地注重社会实践和实际工作经验的培养,那么需要有实践办公室、会议室、实地实践场地等。因此,在设施规划中要充分考虑实践基地的定位,准确把握其功能需求。

2. 实践基地的容量和空间规划

根据实践基地的规模和接纳人数,确定相应的设施容量。如果实践基地规模较大,接纳人数众多,那么需要规划多个教学区域、就餐区、住宿区等;如果实践基地规模较小,接纳人数有限,那么可以灵活安排设施,充分利用有限的空间资源。在进行空间规划时,要注重合理布局,方便实践活动的进行,同时也要注重空间的美观和舒适性。

3. 注意资源的合理利用

实践基地的设施使用应该具有多功能性和多样化,以最大程度地满足不同类型实践活动的需求。例如,可以设计灵活可调整的教室,使其适应不同形式的教学和实践活动;可以规划共享设施,如多功能厅、实验室等,供多个实践项目共同使用,以达到资源优化利用的目的。

4. 考虑可持续发展的因素

在选用设施材料和装备时,要注重环保、节能和安全性。例如,可以选择使用环保材料、安装节能设备、配置安全措施等,在设施规划中体现对环境和可持续发展的关注。

(三)实践基地的人才队伍规划

1. 注重专业素质的培养

通过选派具备相关专业背景和实践经验的教师和专家,以及与实践基地相关的科研机构进行合作,在培训方案设计、实践教学指导等方面给予支持和指导,提升人才队伍的专业素质。

2. 注重经验的积累

建立一套完善的实践经验积累机制,包括定期召开经验分享会、组织实践交流活动等。注重对实践基地工作经验的总结与汇编,形成实践案例和经验分享的资料,供后续的实践工作参考。

3. 注重积极主动的工作态度

鼓励人才队伍积极主动地参与实践基地的规划与决策,充分发挥他们的专业优势和创新能力。通过定期的培训和交流活动,进一步激发人才队伍的工作热情和积极性,提高工作效率。

4. 注重激励机制的建立

通过建立科学合理的激励政策,如薪酬激励、晋升机制、荣誉表彰等,激励人才队伍更好地发挥其专业能力和创新思维,为实践基地的长期发展做出贡献。

三、实践基地资源的整合与利用

(一)教育资源的整合

在高校思政教育实践基地建设中,教育资源的整合涉及各类思政教育资源的搜集、整合和对接,旨在提升实践基地的教育教学能力和综合服务水平。

教育资源的整合需要建立起一个完善的资源搜集和管理体系。这需要基地管理者充分了解思政教育领域的最新动态,与各个学院、部门进行沟通和对接,搜集到各类教研成果、教材教辅、案例资料等资源。基地管理者还需要与外部资源提供方建立合作关系,获取更多的专业资源支持。

教育资源的整合需要进行有效的资源整合和共享。在实践基地建设中,各类教育资源往往分散在不同的学院、系部或者教师之间,因此需要基地管理者在整合时充分重视资源分类、整理和整合等工作。基地管理者可以采取资源共享平台、教师交流座谈会等方式,促进资源的交流和合作。为了避免资源的重复建设和浪费,还可以将教育资源纳入基地的管理体系中,确保资源的高效利用。

在教育资源的整合过程中,还需要注意资源的价值挖掘和研究创新。基地管理者在整合资源时,可以针对不同的资源特点和教育需求,开展深入的研究和创新。比如,基于在线教育平台的资源整合、基于校企合作的资源整合等。这些创新举措可以进一步丰富实践基地的教育资源,提高教育教学水平。

(二)外部资源的引入与利用

1.建立与外界机构的合作关系

这些机构包括企业、社会组织、政府部门等。与企业合作可以为学生提供真实的实践场景和问题,让他们在实践中学习和探索。同时,与社会组织合作可以为学生提供更广泛的社会参与机会,培养他们的公民责任感和社会意识。与政府部门合作则可以让学生更好地了解国家政策和社会发展方向。

2.利用外部专家的力量

外部专家具有丰富的实践经验和专业知识,他们可以为学生提供指导和支持。通过邀请外部专家举办实践教学的讲座、指导学生的实践项目等方式,可以引入他们的专业知识和实践经验,提升学生的实践能力和专业素养。

3. 利用网络资源和科技工具

网络资源丰富而广泛,我们可以通过建立在线学习平台和实践教学网站等方式,引入网络资源,为学生提供更多的学习资料和学习机会。科技工具如虚拟实验室、模拟软件等,可以为学生提供虚拟的实践环境,让他们在实践中获得更多的经验和技能。

4. 充分利用学生团队和社团组织

学生团队和社团组织在大学校园内具有丰富的资源和活力,他们可以承担更多的实践任务和项目。通过组建学生团队和社团组织,可以将学生的力量充分发挥出来,培养他们的团队合作能力和创新精神。

四、实践基地的管理

(一)实践基地的管理体制

实践基地作为高校思政教育的重要组成部分,其管理体制的完善和规范化是保障其有效运行的关键。实践基地的管理体制主要包括立体化管理机构的建立、科学合理的管理流程和规范化的管理制度。

实践基地需要建立立体化管理机构,以确保各个环节的协调运行。这一机构应包括指导委员会、管理委员会和具体运营团队等多个层级和职责明确的部门。指导委员会由高校领导、学科专家、社会名人等组成,负责制定实践基地的发展方向和总体规划。管理委员会负责具体的管理事务,包括制订具体运营计划、整合资源等。同时,需要组建运营团队,包括基地负责人、教师指导团队、学生管理团队等,具体负责实践活动的组织和管理。

在实践基地的管理流程上,需要科学合理地制定各项管理措施。首先,要建立完善的入驻申请与评估机制,确保各参与单位的资质和实践项目的质量。要根据实践项目的性质和特点,制定详细的实践活动方案,并进行审核和备案,确保实践活动的合理性和安全性。另外,还应建立科学的实践活动监督机制,对参与实践的学生和指导教师进行及时跟踪和督促,确保实践活动的顺利进行。

在实践基地的管理制度上,需要建立一套规范化的管理制度,以确保各项管理工作的有序进行。这些管理制度包括实践基地的日常管理制度、实践活动的管理细则、安全管理制度等。这些制度应具有可操作性和可实施性,并且需要时常进行评估和改进,以适应实践基地管理的需要和发展的变化。

(二)实践基地的运营管理

实践基地的运营管理涉及各方面的工作,包括人员安排、资源配置、活动组织等。为了实现高效的运营管理,需要建立科学合理的管理体制,保证各项工作的顺利进行。

1. 建立明确的责任制

各个岗位的责任和任务应清晰明确,相应的工作流程和操作规范应得以制定并严格执行。应注重沟通和协调,营造良好的团队合作氛围,确保各项工作有序进行。

2. 合理配置资源

资源包括场地、设备、人力等方面。在配置资源时,应根据实践基地的定位和目标,合理规划和分配资源,确保资源的充分利用和最大化价值的实现。还应关注资源的更新和维护,及时进行必要的维修和更新工作,保证基地的正常运行。

3. 注重活动组织和策划

根据实践教学和学生需求,制订具体的活动计划,安排合适的活动内容和形式。活动的组织要注重培养学生的实践能力和综合素质,提供具有挑战性和创新性的实践项目,激发学生的学习兴趣和动力。同时,还要加强与社会的联动,积极与相关企业、机构合作,为学生提供更广泛的实践机会和资源。

4. 注重质量控制

建立健全的质量管理体系,制定详细的质量标准和评估指标,定期进行评估和检查,及时发现问题并提出改进措施。同时,要加强对活动的监督和指导,确保活动的质量和效果。通过不断进行质量改进,提升实践基地的教育价值和影响力。

五、高校学生日常管理概述

(一)高校学生日常管理的定义和目标

高校学生日常管理旨在通过规范学生的行为,培养良好的个人品质和习惯,促进学生的全面发展。其定义可以从两个方面进行解释。一方面,学生日常管理是指学校对学生日常行为进行管理和引导的一系列措施和规定。另一方面,学生日常管理也可以理解为学生对自己行为的自我管理和自我规范。

在实施学生日常管理时,要有明确的目标。学生日常管理旨在培养学生良好的道德品质和价值观念,使其具备正确的世界观、人生观和价值观。这是因为高校学生作为未来社会的栋梁之材,其道德品质的培养和正确的价值观念的树立对于社会和国家的发展至关重要。

学生日常管理的目标是促使学生形成合理的生活习惯和行为规范。通过培养学生自律、自觉、守纪律等良好的习惯,可使学生有效管理时间、提高学习效率,同时也能在社会生活中遵循规则,养成良好的行为习惯和品德素养,为今后的发展打下坚实的基础。

学生日常管理还要注重培养学生的社会责任感和团队意识。通过开展志愿服务活动、社团组织等活动,让学生主动参与到社会实践中,增强他们的社会责任感,培养良好的团队合作精神,提高沟通协作能力,为将来更好地适应社会的发展做好准备。

学生日常管理也要关注学生个体的发展。面对学生的个性差异,要鼓励他们充分展示自己的特长和潜力,为不同的学生提供个性化的引导和管理,帮助他们全面发展。

(二)高校学生日常管理的特点

1. 追求全面发展

在学生日常管理中,学校旨在培养学生的身心健康、综合素质和社会责任感,以促进学生在不同方面的全面发展。这一特点要求管理者在日常管理中注重学生的自主性和多样性,鼓励学生参与各类活动,培养其综合能力与创新精神。

2. 注重考核与评价

在日常管理中,学校对学生的表现进行评价,并给予相应的奖励或惩罚。这一特点体现了学校对学生行为规范和素质培养的重视,可促使学生养成良好的习惯和道德品质。同时,学生对于评价与考核也有所期待,他们渴望得到认可与奖励,因此在日常管理中会积极参与各项活动,完善自身表现。

3. 强调个性化关怀

由于每位学生的成长环境和需求存在差异,高校学生日常管理应在实施过程中注重个体差异,提供个性化的关怀。学校会针对学生的不同需求,提供适当的资源和支持,帮助学生解决问题,促进其全面发展。同时,学校还积极倾听学生的意见和建议,为他们提供更好的学习和生活环境。

4. 强调团队合作与社会参与

在日常管理中,学校鼓励学生参与各类团队活动和社会实践项目,培养其团队合作意识和社会责任感。学生通过团队合作和社会参与,能够锻炼自己的领导力、沟通能力和解决问题的能力,为未来的发展打下坚实的基础。

(三)高校学生日常管理的问题与挑战

在高校学生的日常管理中,随着社会发展和信息技术的普及,高校学生的注意力分散问题日益突出。学生们沉溺于网络世界、社交媒体,过度关注虚拟世界,导致对现实生活的关注和投入不足。此外,学生们面临着大量课业压力和考试压力,时间管理不善成为一个普遍存在的问题,他们很难找到时间进行日常管理的规划和实施。

高校学生中存在着消极应对生活困境的倾向。在面对挫折和困难时,一些学生倾向于逃避现实,寻求安慰、放松和娱乐,而缺乏积极面对和解决问题的能力。这种消极的应对方式进一步加剧了日常管理的困难,阻碍了他们的成长和发展。

高校学生群体具有多样化的特点和需求,比如来自不同地区和家庭背景的学生。这种多样性为日常管理带来了挑战。学校往往需要根据不同学生群体的特点和需求,制定针对性的管理策略和措施。然而,这需要学校具备高度的敏感性和适应性,不断调整和改进管理方法,以满足学生的多样化需求。

高校学生日常管理中存在的一项挑战是道德价值观的培养。在日常生活中,学生们所面临的各种选择和决策,需要基于正确的道德价值观和道德判断。然而,由于社会环境的多元化和复杂性,学生们容易受到外界的消极影响,缺乏正确的道德引导。这就要求学校在日常管理中加强道德教育的渗透,引导学生明辨是非,树立正确的价值观念和行为准则。

第二节 高校思政教育与学生日常管理的结合

一、日常管理中的思政元素

(一)思政元素在日常管理中的重要性

思政元素在日常管理中的重要性体现在对学生思想观念的引导作用上。学生处于成长发展的关键阶段,他们的思维方式、价值观念正在形成。通过在日常管理中有针对性地引导学生接触、学习和思考思政元素,可以帮助他们树立正确的世界观、人生观和价值观,培养正确的道德观念和社会责任感。

思政元素在日常管理中的重要性还体现在塑造学生的行为规范和道德品质上。日常管理不仅仅是对学生行为的监督和纪律的执行,更重要的是对学生进行思想教育和道德引导。通过将思政元素贯穿于校园日常管理的各个环节,如宿舍管理、课堂纪律、社团组织等,可以引导学生自觉遵守规章制度,形成正确的行为规范,养成良好的道德品质,提高学生的自律能力和自主意识。

思政元素在日常管理中的重要性还表现在培养学生的创新精神和实践能力上。思政元素不仅仅是理论知识的传授,更包含了对学生创新意识和实践能力的培养。在日常管理中,可以设置各种实践活动、创新竞赛等,引导学生通过实践探索和创新实践,促进创新思维的培养和实践能力的提升。

(二)思政元素在日常管理中的应用

在高校学生日常管理中,思政元素的应用目的在于培养学生正确的世界观、人生观和价值观,促进学生的全面发展。只有将思政元素贯穿于日常管理的方方面面,才能有效引导学生的行为,改善学生的思想境界,从而实现综合素质的提升。

思政元素在学生日常管理中的应用体现在课堂教育中。作为思政教育的主要场所,课堂教育是培养学生思想认同和情感认同的重要途径。教师可以通过设计教材内容、引导讨论和开展文化活动等多种方式,将思政元素融入课堂教学中。例如,在学科教育中强调公正、负责任和担当精神,可以培养学生的社会责任感和集体荣誉感。在艺术教育中强调审美情趣和艺术修养,可以激发学生的创新精神和审美能力。这样,学生在课堂上不仅能够获得学科知识,还能够在思政元素的熏陶下,培养积极向上的人生态度和价值观念。

思政元素在学生日常管理中的应用还体现在校园文化建设中。校园文化是学生日常生活的重要组成部分,也是学校思政工作的重要内容之一。学校可以通过开展各类文化活动、创设良好的学习和生活环境,将思政元素融入校园文化中。例如,举办主题演讲比赛、德育讲座和社会实践活动,可以引导学生关注社会问题、培养社会责任感。同时,学校还可以营造和谐友好的学习氛围,加强学生互助合作和集体荣誉感的培养,形成积极健康的校园文化氛围。

思政元素在学生日常管理中的应用还需要注重家庭教育的配合。家庭是学生最早接受教育的地方,也是思想政治教育的重要基础。学校可以通过开展家访、家长会等形式,与家庭密切配合,将思政元素延伸到学生的家庭生活中。家庭教育可以通过家庭交流、亲子活动等方式,培养学生的责任感、家国情怀和社会观念。家庭的亲密关系和情感教育的渗透,对于学生的思政教育和日常管理起着不可忽视的作用。

(三)思政元素在日常管理中的效果评估

思政元素在高校学生日常管理中的渗透,不仅是为了强调对学生的思想教育,还是为了培养他们的核心价值观和社会责任感。因此,在实施日常管理过程中,我们需要对思政元素在其中的效果进行评估。只有通过评估,我们才能全面了解思政教育在日常管理中的实际情况,找到问题,并采取相应的措施进行改进,为学生提供更好的思政教育。

第一,定期开展问卷调查来评估思政元素在日常管理中的效果。问卷可以包括学生对学校管理方式的满意度、对校园文化建设的认同度、对校园道德规范的遵守程度等方面的问题。通过分析问卷中的数据和学生的回答,我们可以了解思政元素是否得到了学生的认可和接受,以及学生在日常管理中是否能够理解和应用思政教育的要求。

第二,组织专家评审团对学校的日常管理进行评估。专家评审团可以由校内外的思政教育专家以及相关领域的专家组成。他们可以通过观察学校的管理流程、管理制度的执行情况以及学生在日常管理中是否能够表现出正确的价值观和社会责任感来评估思政元素的渗透程度。专家评审团的评估结果可以为学校提供改进思政教育的参考意见,确保思政元素在日常管理中发挥应有的作用。

第三,通过开展学生讨论会、座谈会听取学生对思政元素在日常管理中的感受和体验。倾听学生的声音,了解他们的想法和意见,对于评估思政元素的效果非常重要。学生讨论会可以提供一个自由沟通的平台,让学生畅所欲言,表达对日常管理的看法,以及对思政教育的认知和理解。

第四,通过学生的实际行为和表现来评估思政元素在日常管理中的效果。学生的行为常常反映了他们的思想和态度。我们可以观察学生是否遵守校园规章制度,是否能够在校内外展现良好的社会公德,是否能够主动参与到社会实践和志愿服务中。通过对学生的行为进行观察和评估,我们可以得出思政元素在日常管理中的表现和效果。

二、思政教育在日常管理中的渗透

(一)思政教育与日常管理的结合

思政教育与日常管理的结合体现在思政教育贯穿日常管理的过程。学校通过制定一系列管理制度和规范,将思政教育贯穿其中。例如,学校规定了行为准则和作风建设,要求学生遵守社会公德、职业道德等,这就是思政教育的具体体现。学生在日常生活中必须遵循这些规范,通过这种方式,他们不仅能够在实践中学习思政教育的内容,还能够在实际生活中感受到思想道德的力量。

思政教育与日常管理的结合还体现在教育活动的实施中。学校通常会组织各种形式的思政教育活动,包括讲座、演讲比赛、社会实践等。这些活动不仅能够满足学生的知识需求,还能够让学生在实践中感受到思政教育的深刻内涵。这些活动也是日常管理的重要组成部分。学校通过组织这些活动,引导学生形成正确的世界观、价值观和人生观,提高他们的道德修养,培养他们良好的行为习惯和生活习惯。

思政教育与日常管理的结合还体现在思政教育资源的共享和互动。学校通常会建立思政教育平台,为学生提供思政教育资源。这些资源包括书籍、文献资料、在线课程等。学生通过这些资源,不仅可以了解更多的思政教育知识,还能够与学校的思政教育工作人员进行互动交流。这种共享和互动的形式使得思政教育更加贴近学生的实际需求,为他们提供了更多的学习机会。

(二)思政教育在日常管理中的实施策略

1. 建立多样化的思政教育平台

学生在校园生活中参与各种形式的思政活动是非常重要的。比如,学校可以组织各类思政讲座、座谈会和读书分享会,为学生提供宽广的文化知识视野。在社团活动、志愿者服务和各类比赛中,也可以注入思政教育元素,帮助学生全面发展。

2. 倡导思政教育与专业课程的有机结合

高校的专业教育与思政教育应相辅相成,相互促进。教师在专业课堂上可以引入一些与思政教育相关的案例,结合实际情况分析,引导学生从道德伦理、社会责任等角度思考问题。通过将思政教育与学科知识相结合,使学生在专业学习的同时也能增强对思政教育的认同感。

3. 发挥班级学生干部的引领作用

班级学生干部在日常管理工作中具有重要的影响力。他们可以作为思政教育的重要推动者和参与者,带领同学们共同参与到思政教育活动中。比如,学生干部可以组织班级会议,就班级发展和学生关注的社会热点问题进行讨论和交流。这种方式不仅能够增强班级凝聚力和集体荣誉感,也能促进思政教育的深入开展。

4. 充分利用信息化技术手段

随着信息技术的不断发展,我们可以通过网络平台、微信公众号等方式,将思政教育延伸到线上。学校可以建立专门的思政教育网站,提供学习资源、心理辅导以及学生成长记录等功能,方便学生随时随地获取思政教育内容。此外,利用社交媒体平台,学校可以设置专门的思政教育栏目,发布有关思想道德和社会公德等方面的内容,引导学生积极参与思政教育活动。

(三)思政教育在日常管理中的效果分析

在日常管理中,思政教育的实施能够帮助学生树立正确的世界观、人生观和价值观。通过在日常管理中渗透思政教育,学校能够对学生进行价值引领和思想指导,引导学生形成正确的道德观念和行为准则。例如,在学生宿舍管理中,引导学生养成文明礼貌、团结友爱的良好习惯,使学生在日常生活中充分体现社会主义核心价值观的内涵。通过这种方式,思政教育在日常管理中能够有效地提升学生的思想品德水平。

思政教育在日常管理中的实施能够培养学生的责任意识和团队合作精神。在学生组织活动、社团管理、班级自治等方面,思政教育与日常管理相结合,能够引导学生明确自己的责任和义务,增强学生的集体荣誉感和使命感。通过团队合作的实践活动,学生能够加强沟通交流和协作能力,激发团队协作、共同奋斗的精神,进而提高个人的综合素质和自我管理能力。

思政教育在日常管理中的效果还体现在学生的个人发展和社会责任感的培养上。学校通过开展一系列与思政教育相关的活动和课程,使学生能够更好地了解社会现实,增强社会责任感和公民意识。例如,学校可以组织学生参与社会实践、志愿活动,通过亲身体验,让学生深入了解社会问题,培养学生的社会责任感和公益意识。

三、基于学生心理特点的思政教育路径

(一)学生心理特点分析

学生心理特点是指在青春期特有的发展阶段下,学生个体在认知、情感、意

志等方面所呈现的共性特征。对于高校学生而言,他们正处于生理、心理和社会角色的转变阶段,因此他们的心理特点与思政教育的关联更加密切。

高校学生心理的一大特点是好奇心强。他们渴望探索新事物、获取新知识,对社会和现实问题充满着浓厚的兴趣。这种好奇心可以成为思政教育的切入点,通过引导学生深入思考和探索社会问题的原因和解决方法,培养学生的社会责任感和创新精神。

高校学生心理特点还包括自我意识的增强。在青春期的探索过程中,学生开始思考自己的价值观、兴趣爱好以及未来规划。思政教育可以帮助学生理清自我认知,发现自身的优势和不足之处,并通过培养正确的人生观和价值观,引导学生树立正确的人生目标和追求。

高校学生还具有情感与社交方面的特点。他们对友谊、爱情、家庭等人际关系问题表现出浓厚的兴趣。针对这一特点,思政教育可以通过讨论、案例分析等方式,引导学生正确处理情感问题,树立健康的人际关系观念,培养良好的社会交往能力。

高校学生心理特点还包括自由意志的形成。在这一阶段,学生开始逐渐对自己的行为负责,并具备了独立思考和决策的能力。思政教育可以通过开展学生自治、鼓励学生参与学校管理和社会公益活动等方式,引导学生形成自我管理和自我约束的意识,提升他们的自我控制能力。

(二)学生心理特点与思政教育的关联

现代大学生充满朝气和活力,但同时也面临着心理上的挑战和困扰。他们处于人生发展的关键时期,对于自我认知和自我价值评估尤为敏感。因此,在开展思政教育时,教师要根据学生的心理特点,注重培养他们的自我意识、自信心和自我认同感,引导他们积极面对成长中的问题和挑战。

学生心理特点与思政教育的关联体现在培养学生的思想道德品质上。尊重他们的个性差异,关注他们的情感需求,有助于激发他们的思考和思辨能力。在日常管理中,教师应当注重对学生的情感关怀,鼓励他们表达自己的意见和观点,培养他们的独立思考能力和良好的道德品质。

在设计基于学生心理特点的思政教育路径时,我们要注重个体差异。每个学生都有其独特的心理特点和需求,因此思政教育的路径设计应当灵活多样。通过设立专门的心理咨询机构和提供个性化的心理辅导服务,教师能够更好地满足学生的需求,帮助他们解决心理问题,提升他们的思政教育效果。

只有深刻理解学生的心理特点,才能更好地开展思政教育工作。在实践中,教师要注重培养学生的自我意识和思考能力,关注他们的情感需求,并根据个体差异设计适合的思政教育路径。这样,才能让思政教育真正渗透到学生的日常管理中,发挥应有的作用。

(三)基于学生心理特点的思政教育路径设计

在高校学生日常管理中,思政教育不仅仅是一种单向灌输,更应该注重学生的心理特点,因为学生的心理状态对思政教育的效果具有重要影响。对学生心理特点的分析是制定基于学生心理特点的思政教育路径的前提。

学生心理特点分析是深入了解学生的内心世界和发展需求。在高校阶段,学生正处于生理、心理、社会等多方面的转变与发展中。他们面临着青春期的矛盾与困惑,经历着自我认知、自我价值的形成过程。他们也面对着学术压力、人际关系的困扰以及未来职业规划的不确定性。因此,教师需要认真分析学生心理特点,如对未来的渴望、对自身能力的评价、对外部环境的适应能力等方面的情况,以准确了解他们的需求。

学生心理特点与思政教育的关联是指思政教育必须与学生的心理特点相契合。高校学生渴望得到尊重、渴望获得成功、渴望表达自我等。因此,在思政教育中,教师可以通过提供一个尊重学生个性特点的环境,鼓励并支持学生的创新能力和自主发展,同时为他们提供积极的学习氛围和个性化的发展路径。

基于学生心理特点的思政教育路径设计应该具备针对性和有效性。基于学生的心理需求,教师可以从以下几个方面设计思政教育路径:一是注重心理健康教育,帮助学生解决心理问题,提高他们的心理适应能力;二是关注学生的兴趣和价值观培养,提供多样化的思政教育内容,激发学生的学习兴趣和社会责任感;三是开展个性化的思政活动,让学生能够自主参与、自我表达和锻炼领导能力;四是建立良好的学生心理辅导机制,为学生提供及时的心理支持和指导。

第三节　高校思政教育在校园文化建设中的应用

一、校园文化建设概述

(一)校园文化的含义及构成

校园文化是高校内部形成的一种集体认同和共享的文化体系,既包含高校内部的思想观念、价值观念以及行为规范,又体现了高校的历史文化传统、校训精神和学术氛围。校园文化由众多元素构成,包括学术文化、艺术文化、体育文化、社团文化等。

1. 学术文化

高校作为知识的传播者和生成者,其学术氛围直接关系到学生的学习态度和学术品格的培养。因此,高校应该建立起积极向上、崇尚知识的学术文化,培养学生的创新意识、批判思维和独立研究能力。

2. 艺术文化

高校应该鼓励并支持学生参与各类艺术活动,例如音乐、舞蹈、戏剧等。这不仅有助于培养学生的审美情趣和创造力,还可以提升他们的综合素质和人文精神。

3. 体育文化

高校应该注重体育教育,通过举办体育比赛、开设体育课程等方式,激发学生对体育的兴趣和热爱,增强学生的身体素质和团队合作精神。

4. 社团文化

高校应该提供丰富多样的社团活动,并鼓励学生参与其中。这可以让学生有机会在校园中发现自己的兴趣爱好,结交志同道合的朋友,同时也培养了学生的组织能力和领导才能。

(二)校园文化的价值与意义

校园文化是高校的精神象征和学术氛围的体现,它代表了高校的核心价值观和办学理念。高校作为教育机构,其校园文化应当体现教育教学的宗旨,培养学生全面发展和终身学习的能力。

1. 促进学生的全面发展和成长

在校园文化的熏陶下,学生不仅仅能够获得优质的教育资源,还能够接触到各类文化活动和社团组织,丰富自己的知识与技能。这些经验和锻炼对学生的个性发展和才能培养具有重要的作用。

2. 增进师生之间的沟通与交流

高校教师作为学生的指导者和引路人,他们在校园文化的建设和传承中起着重要的作用。通过与学生的互动与交流,教师能够更好地了解学生的需求和问题,从而更好地进行教育教学工作。

3. 形成高校的特色和品牌形象

高校之间的竞争越来越激烈,如何在激烈的竞争中脱颖而出成了一个亟待解决的问题。校园文化的建设可以为高校树立独特的品牌形象,使其在众多高校中具备较大的区别度和吸引力。通过丰富多样的文化活动和传统节日的庆祝,高校能够更好地展示自身的特色和传统,吸引更多的社会资源和人才投身其中。这些特色和品牌形象的塑造对于高校的发展具有重要的意义。

(三)高校校园文化建设的现状

在当今社会中,高校校园文化建设正面临着新的挑战和机遇。以往的校园文化建设更多依赖于单一的价值观和传统,忽视了多样性的体现。然而,随着社会的不断发展,高校校园文化需要更加符合时代的变化和满足多元化的需求。因此,如何在校园文化建设中体现多样性是当前亟待解决的问题。

1.校园文化建设需要注重包容

高校涵盖着来自不同地区、不同民族和不同背景的学生,他们具有各自独特的文化优势和特点。因此,校园文化建设应该充分考虑到不同学生群体的需求,鼓励和支持他们发展自己的文化特色。例如,组织各类文化节庆活动,展示学生的艺术才华和传统文化,为学生提供一个交流和展示的平台。

2.校园文化建设需要注重创新

当代高校学生在文化需求上更加多元化和个性化,对于传统文化的接受程度也有所不同。因此,在校园文化建设中引入创新元素是非常重要的。可以举办一些独特的活动,如文化艺术展览、音乐会、时尚秀等,以满足学生对于多元化文化的追求。通过引入现代科技手段,如互动展览、虚拟实境等,为学生提供更加丰富而有趣的文化体验。

3.校园文化建设需要注重可持续发展

只有确保校园文化建设的可持续性,才能够真正将校园文化内化于学生的心灵,成为他们在未来发展中的精神动力。因此,高校需要建立健全的校园文化传承机制,包括成立学生社团、开设相关课程和培训等。同时,应该加强与社会文化机构的合作,促进校园文化建设的持续繁荣。

二、思政教育在塑造校园文化特色中的应用

(一)思政教育在塑造校园文化特色中的意义

1. 培养学生正确的价值观念

在当今社会价值观多元化且不稳定的情况下,高校校园文化需要明确核心价值观,引领学生树立正确的世界观、人生观和价值观。思政教育通过课堂教学、讲座报告、社会实践等形式,向学生灌输社会主义核心价值观,帮助他们形成正确的人生追求和责任担当意识。

2. 提升学生的综合素质

高校校园文化建设旨在培养全面发展的人才,而思政教育是培养学生综合素质的重要途径。通过思政课程的学习,学生可以接触到丰富的人文知识,拓宽视野,提升思辨能力和创新能力。思政教育还注重培养学生的社会责任感和团队合作意识,使他们具备良好的道德品质和社会公民意识。

3. 激发学生的创造力和创新精神

高校校园文化特色的塑造需要有创新意识的支持,而思政教育正是培养学生创新精神的一项重要任务。通过思政教育的引导,学生能够从中获得灵感和启示,勇于尝试、敢于创新,为高校校园文化建设注入新的活力。

(二)思政教育在塑造校园文化特色中的实践

在高校校园文化建设中,思政教育不仅是培养学生良好品德和正确价值观的重要途径,更是在塑造校园文化特色方面起着举足轻重的作用。思政教育在实践中可以通过多种渠道与途径开展,以期在校园文化中形成独特的精神内核

和核心价值。

1. 课堂教学

在思政课中,教师可以通过讲授相关理论知识,引导学生认识社会现实、历史文化等方面的问题,并进一步引导学生深入思考和探索。通过课堂互动和思辨训练,学生的思维能力得到锻炼和提高。思政教育的实践应该贴近学生的实际需求和现实问题,充分发挥思政课的育人功能。

2. 社会实践

通过参与社会实践,学生可以更加直观地了解社会的多样性、变化和挑战。例如,学生可以参与社区服务、参观企业等,以扩大视野和提升社会意识。学生通过亲身经历和感受,更好地理解社会问题,养成正确的价值观。

3. 学生组织和社团活动

学校应该鼓励学生参与各种学生组织和社团活动,提供平台和资源支持。通过组织和参与各类文化艺术、体育竞赛、科技创新等活动,学生可以培养团队合作精神、创新意识和艺术修养。这些活动可以通过多元化的方式,将思政教育与校园文化建设相结合,为学生提供更多实践锻炼的机会。

(三)思政教育在塑造校园文化特色中的难点与对策

1. 平衡思政教育与学术教育的关系

高校是培养人才的主阵地,学生所接受的教育应注重知识体系的建设和专业能力的培养,而思政教育则强调人文关怀和价值观的培养。因此,如何在思政教育中融入学术教育的元素,使学生不仅具备专业知识,还具备良好的道德修养和家国情怀,是一个需要思考和把握的难点。

2.在思政教育中引导学生形成个性化的校园文化特色

每个高校都有自己独特的文化氛围和传统,而在思政教育中,教师应该引导学生根据自身特点和所处环境,发掘并塑造个性化的校园文化特色。如何平衡个性化和整体的校园文化建设,如何避免过度个性化导致的分散和纷争,是一个需要关注和解决的问题。

3.与社会发展的要求相匹配

随着社会的快速发展和变化,高校校园文化也需要与时俱进,符合社会发展的需求。在思政教育中,教师要注意培养学生的创新能力、实践能力和社会责任感,使他们能够适应社会的变化和发展。然而,如何准确把握社会的发展趋势和方向,如何在思政教育中将社会需求与学生的个人发展相结合,是一个需要深入研究和探索的难点。

针对以上难点,我们可以采取一些对策。首先,可以建立学校与企业、社会组织等的合作机制,将思政教育与社会需求相结合,通过社会实践等方式培养学生的创新能力和实践能力。其次,可以加强师资力量的培养,提高教师的教育教学能力和思政教育专业水平,以更好地引导学生形成个性化的校园文化特色。此外,建立有效的评估与监管机制,确保思政教育的质量和效果,也是应对难点的有效对策。

三、思政教育在校园文化传承中的应用

(一)思政教育在校园文化传承中的重要性

高校校园文化是学校的精神标识和内涵表达,是学生思想道德培育的重要途径。思政教育作为高校教育的特殊途径,能够引导学生树立正确的价值观,丰富文化内涵,为校园文化建设提供坚实的思想基础。

在校园文化传承中,思政教育发挥着积极的推动作用。思政教育注重培养

学生的思想道德品质和社会责任感,培养学生的创新意识、实践能力和自主发展能力,从而为校园文化传承提供了有力支持。通过思政教育的指导,学生能够更好地理解和传承校园文化的内涵,传承前人的智慧和精神,在实践中创造新的校园文化成果。

思政教育在构建和谐校园中也发挥着重要作用。和谐校园追求全体成员的和谐共处和协同发展,而思政教育培养学生的社会责任感和公民素质,使他们能够在校园中积极参与公共事务、关心他人、做出贡献。通过思政教育的引领,学生在和谐校园建设中发挥着积极的作用,推动校园文化的和谐发展。

(二)思政教育在校园文化传承中的实践探索

在高校的校园文化建设中,思政教育作为一门专门的课程,旨在培养学生的思想觉悟和思考能力,引导他们正确看待社会现象和价值观念。在校园文化传承中,思政教育发挥着独特的作用,通过一系列的实践探索,推动学校的校园文化建设向更高的层次发展。

思政教育在校园文化传承中推动了学生的思想深化。通过开展各类思政教育活动,如讲座、座谈会、读书分享等,学生得以广泛接触和深入思考各种社会问题和价值观念。这不仅有助于学生建立正确的世界观和价值观,也为校园文化的传承提供了有力的思想支持。

思政教育在校园文化传承中鼓励了学生的创新实践。在思政教育的引导下,学校鼓励学生积极参与各种校园文化活动和社会实践项目。例如,学生可以组织文化艺术节、主办讲座和座谈会等活动,展示自己的才艺和独特见解。这种实践探索不仅丰富了校园文化的内涵,也培养了学生的领导能力和创新意识。

思政教育在校园文化传承中促使学生关注社会问题和公共事务。通过开展社会实践活动和志愿服务项目,学生能够亲身感受社会的需求和挑战,学会关心他人,提升社会责任感。这样的实践探索不仅有助于培养学生的社会意识和公民素质,也为校园文化的传承增添了新的活力。

(三)思政教育在校园文化传承中存在的问题

思政教育作为高校校园文化传承中的一项重要内容,虽然发挥着不可替代的作用,但同时也面临着一些问题。

第一,校园思政教育过多注重知识灌输,忽视了对学生思维意识的培养。在校园文化传承中,思政教育应该引导学生形成更加独立的思考能力和创新精神,而不仅仅是简单地传授相关知识。

第二,思政教育在校园文化传承中存在一定的僵化和教条主义倾向。有些思政教育课程内容过于固化,缺乏灵活性,无法满足学生多样化的需求。此外,一些教师过于强调教育的一方面,缺乏与学生的互动和对话,使得思政教育难以真正引发学生的思考和参与。

第三,思政教育在校园文化传承中还存在一定的信息传递不畅的问题。校园文化的传承需要通过广泛的沟通和交流来实现,而思政教育在这一过程中往往受到信息传递的限制。有些时候,思政教育的内容和理念无法有效地传达给学生,导致学生对校园文化传承的关注和参与度不高。此外,思政教育的传递方式和渠道也需要加以改进和创新,以更好地推动校园文化的传承。

第四,思政教育在校园文化传承的过程中还存在一定的评估和指导问题。学生在思政教育的过程中需要得到科学、合理的评估和指导,以便更好地理解和应用思政教育的内容。目前,一些高校在评估和指导方面存在着不足,缺乏系统性和全面性,导致学生对思政教育的关注度和参与度不高。

(四)思政教育在校园文化传承中的策略与对策

1. 注重培养学生的文化认同感和自豪感

通过开展丰富多彩的校园文化活动和课程,增强学生对校园文化的认同感和自豪感。例如,可以组织举办文化艺术节、书法比赛、音乐会等活动,来展示学生的才艺和创造力,同时传承校园文化的内涵。

2. 注重传承优秀的校园文化传统

不同的学校有不同的特色和传统,我们要通过思政教育来传承这些优秀的校园文化传统。可以在校园文化活动中融入传统元素,例如举办传统舞蹈表演、举办传统制作工艺品展览等。同时,通过课程中的讲座、研讨会等形式,使学生传承校园文化的精髓和深层次的价值观。

3. 发挥思政教育的引领作用

思政教育可以通过开展社会实践活动、组织讲座和座谈会等方式,引导学生参与社会实践,了解社会发展的现状和方向。同时,思政教育也要关注学生的思想和心理成长,提供相关的辅导和指导,帮助他们树立正确的人生观和价值观。

4. 加强学校与社会、家庭的合作

通过与社会各界的合作,能够更好地传承校园文化。可以与社会组织合作举办文化活动、开展社会实践,以丰富学生的校园文化体验。同时,也要与学生的家庭保持良好的沟通和合作,共同培养学生的校园文化认同感和参与意识。

四、思政教育在构建和谐校园中的应用

(一)思政教育在构建和谐校园中的重要性

1. 培养学生正确的价值观和人生观

通过深入了解和学习国家的基本政治理论、社会科学和人文科学知识,学生能够树立正确的世界观和价值观,形成积极向上的人格品质。这种价值观和人生观的培养将有助于形成校园文化的核心价值观,促进学生在校园中形成共同的价值追求。

2.激发学生的创新精神和社会责任感

高校是培养具有创造性和社会责任感的人才的重要阵地。思政教育通过启发学生的思维,激发他们的创新潜能。在教学环节中,教师们注重培养学生的独立思考和解决问题的能力,引导他们积极参与社会实践活动,培养他们的社会责任感。这些努力有助于形成积极向上、有创新精神的校园文化,推动学生参与社会建设和发展。

3.促进学生的身心健康

高校是学生学习和成长的地方,学生的身心健康状况直接影响着他们的学业成绩和未来发展。思政教育注重培养学生的道德修养、心理素质,通过开展礼仪、职业道德、心理健康教育等方面的活动,帮助学生养成正确的行为规范和生活方式,提高学生的综合素质。因此,思政教育在构建和谐校园中是不可或缺的一部分。

(二)思政教育在构建和谐校园中的实践路径

1.开展丰富多彩的思想政治教育活动

高校可以通过开展丰富多彩的思政教育活动来促进校园和谐。例如,可以组织各类主题讲座、座谈会、研讨会等,邀请专家学者来校园进行学术交流,为学生提供一个开放的思想交流平台。此外,可以开展各种形式的文化艺术活动,如音乐会、话剧演出、艺术展览等,丰富学生的文化生活,培养他们的审美情趣。

2.开展校外实践活动

高校可以通过校外实践活动来加深学生对社会的认知和理解,培养他们的社会责任感和公民意识。例如,可以组织社会实践团队,开展社区服务、环保宣传等活动,让学生亲身体验社会工作,感受社会的需求和问题,培养他们的社会责任感和团队合作能力。

3.将思想政治教育融入课堂教学

高校还可以通过课堂教学融入思政教育的内容,让学生在学习专业知识的同时培养思辨能力和道德情操。例如,在课堂中引导学生进行讨论,培养他们的批判思维和辩证思维能力;引导学生分析和解决现实问题,培养他们的实践能力和创新精神。

4.开设公共文化空间

高校还可以通过开设公共文化空间来促进校园和谐。这样的公共文化空间可以是图书馆、阅览室、学生活动中心等,提供一个可供学生自由交流和学习的场所。通过丰富的文化资源和活动,为学生创造积极向上、和谐包容的学习环境。

(三)思政教育在构建和谐校园中的挑战与应对

思政教育面临着传统与现代价值观的碰撞与融合的挑战。当今社会,价值观念多元,尊重个性和多样性已成为新时代的潮流。然而,传统的思政教育往往以传统价值观为主导,无法满足现代大学生的需求。因此,高校需要通过创新思政教育的内容和形式,引导学生与时俱进,积极融入现代社会。

思政教育在构建和谐校园过程中面临着激励育人与规范管理的挑战。高校校园文化建设需要注重激发学生内在的主动性和创造性,而非简单地进行行为规范和管理。现实中时常出现学生对于规范和纪律存在抵触情绪,对传统的道德规范产生反感的情况。在这种情况下,思政教育需要善于运用激励与规范相结合的方法,通过正面引导和有效约束,激发学生自觉遵守校规校纪的意识,培养他们正确的行为准则和价值观念。

在构建和谐校园的过程中,思政教育还面临着学生参与度不足的挑战。由于现代社会的复杂性和多样化的课程安排,学生可能面临时间和精力方面的压力,对思政教育活动的参与度不高。为了应对这一挑战,高校需要开展多样化的思政教育活动,注重学生的互动和参与,创造积极、轻松的学习氛围,激发学生的兴趣和热情。

  思政教育在构建和谐校园中还需要面对网络化社会带来的挑战。网络化社会使得信息的传递更加迅速和广泛,然而,伴随着网络的便利性也存在着虚假信息、网络迷思等问题。思政教育需要关注学生对网络信息的正确辨别能力和对学生自我保护意识的培养。高校需要通过教育引导学生养成健康的网络使用习惯,加强网络道德教育,以增强学生的网络素养,防范网络对学生思想和行为的不良影响。

第四章　高校思政教育的创新发展

第一节　高校思政教育的信息化发展

一、信息化技术的应用

(一)现代信息技术概述

现代社会的快速发展离不开信息技术的高速发展,信息技术在高校思政教育中的应用也已经成为当今研究的热点。现代信息技术包括计算机网络、互联网、大数据、人工智能等众多领域的应用。其中,计算机网络和互联网的快速普及使得信息获取与交流变得更加便捷和高效。而大数据和人工智能的引入则为高校思政教育提供了更加智能化与个性化的教学手段。

计算机网络和互联网的发展为高校思政教育带来了更广阔的教学资源。通过利用网络平台,学生可以访问丰富的学术文献、图书资料,拓宽了知识面。学生们可以参与线上讨论、分享学习心得,促进了学术交流和互动。这种开放式的学习环境有助于激发学生的学习兴趣和创造力。

大数据和人工智能的应用强化了高校思政教育的个性化和定制化。通过对学生的学习行为和特点进行智能分析,教育者可以根据学生的差异制订相应的教学计划。这种个性化的教学方式不仅提高了学生的学习效果,还培养了学生的独立思考能力和问题解决能力。

(二)信息化技术对思政教育的影响

信息化技术为思政教育提供了更广阔的教学平台。通过网络和多媒体等技术手段，学生可以在任何时间、任何地点获取到丰富的学习资源，包括教学视频、电子书籍、优秀案例等。这为思政教育的内容传播提供了极大的便利，使学生可以更加自主地进行学习和思考。

信息化技术的应用促进了思政教学方法的创新。传统的思政教育以课堂讲述为主，缺乏互动和参与性，难以有效激发学生的学习兴趣和积极性。而引入信息化技术后，教学可以更加灵活多样，课堂可以采用多媒体展示、在线讨论、实时互动等方式，通过多种形式的教学活动激发学生的思考和参与，提高了思政教育的效果。

信息化技术对思政教育的影响还体现在提升了教学管理的效率和质量上。借助信息化平台，学校可以有效管理教学资源、学生成绩和教学评价等信息，实现对教学过程的全面监管和评估。这不仅提高了对教学质量的监控和纠偏能力，也便于教师对学生进行个性化辅导。

信息化技术在思政教育中的应用也面临着一些挑战。首先是信息泛滥带来的问题。信息化技术带来了大量可用的信息资源，但也存在着信息过载、信息准确性的挑战，学生需要具备辨别和评估信息的能力。其次，信息化技术的运用还需要教师具备相应的技术能力和教学方法的更新，这对于传统的思政教师提出了新的要求。

针对以上挑战，思政教育可以采取一系列对策。首先，学校应该加强对学生的信息素养教育，培养学生分辨和评估信息的能力。其次，学校应建立和完善相应的教师培训体系，提供信息技术培训和教学方法培训，帮助教师适应信息化教学的需求。同时，学校也需要建立健全的教学管理机制，确保信息化技术的应用能够真正促进思政教育的发展。

二、高校思政教育信息化平台的构建

(一)高校思政教育信息化平台的概念

高校思政教育信息化平台是指利用信息技术手段，搭建起为高校思想政治教育服务的综合性平台。它是在当前信息化时代背景下,适应高校思政教育发展需求而建立的一个重要工具和载体。这种平台将思政教育与现代信息技术相结合,为高校提供了更为便捷高效的教学和管理方式。

(二)高校思政教育信息化平台的构建策略

1. 明确平台的功能和目标

高校思政教育信息化平台应当承担起提供学习资源、交流互动、管理监控等功能责任,以满足学生、教师和管理人员的需求。平台的目标可以设定为建立一个全面、便捷、高效的思政教育学习与管理平台。

2. 确保平台的技术支持与运维

高校思政教育信息化平台的构建离不开信息技术的支持和运维保障。在构建平台之前,需要对现有的信息技术设施进行评估,并选择适合平台需求的硬件和软件资源。同时,要确保平台的稳定性和安全性,加强信息安全防护,有效防范风险。

3. 建立统一的数据标准与管理规范

高校思政教育信息化平台需要统一数据标准,以便实现数据的共享和互联互通。在构建平台的过程中,需要制定相关数据管理规范,明确数据的采集、存储、整理、分析和应用等环节,确保数据的质量和完整性。

4. 提供个性化的学习与管理服务

高校思政教育信息化平台应当充分考虑学生和教师的个性化需求,提供个性化的学习和管理服务。例如,为学生提供个性化学习资源推荐,为教师提供个性化的教学辅助工具,以提高学习和教学的效果。

5. 整合资源，实现协同与共享

高校思政教育信息化平台应当整合学校内外的资源，包括教师的教学资源、学生的学习资料、社会资源等。通过平台的协同与共享功能，促进资源的流动和学校间的交流合作，提供更多元化的学习机会和教育资源。

6. 积极引入先进的教学方法和技术手段

高校思政教育信息化平台的构建策略还应积极引入先进的教学方法和技术手段，如在线课程、虚拟实验室、在线讨论等。这些方法和手段能够加强学生的参与度和互动性，增强学习效果。

(三) 高校思政教育信息化平台的运营与管理

1. 需要明确的管理体系

建立科学规范的管理机制，制定详细的管理制度和操作规范，明确各项职责和权限，确保各个环节的协同配合。要加强对平台的监控与评估，及时发现和解决问题，确保平台的稳定运行。

2. 需要专业的技术支持与维护

建立专业的技术团队，具备高水平的技术能力和丰富的经验，能够保证平台的安全性和稳定性。定期进行系统维护和更新，及时解决技术故障和安全隐患，确保用户能够顺利使用平台。

3. 需要充分发挥教师的作用

教师是信息化平台的主要服务对象和使用者，要积极引导和培养教师运用平台进行教学与管理工作。培训教师掌握平台使用技能，激发教师使用平台的积极性和创造性，推动平台的有效运营。

4.需要与学生需求紧密结合

针对学生在思政教育中的需求,提供多样化的学习资源和交流平台,满足学生的个性化学习需求。同时,借助信息化平台,积极开展在线教学和互动学习,提高学生的参与度和学习效果。持续关注学生的反馈,及时调整和改进平台功能,提升学生体验和满意度。

三、信息化发展对思政教育模式的影响

(一)信息化发展对思政教育模式的推动作用

信息化技术为思政教育提供了更广阔的平台和途径。通过互联网、移动设备等工具,学生可以随时随地获取到各种与思政教育相关的资源,包括文献资料、学术论坛、在线教学视频等。这极大地方便了学生的学习,突破了时间和空间的限制,使得思政教育更加便捷和高效。

信息化技术为思政教育提供了更多元的教学方式和内容呈现形式。传统的思政教育主要依赖于课堂讲授和纸质教材,限制了教学的形式和内容的丰富性。而通过信息化技术,教师可以利用多媒体、虚拟实验室、在线讨论等方式,开展更多样化、趣味化的授课,让学生更加主动参与和深入思考。信息化技术还可以将一些抽象概念通过图像、动画等形式直观地展示给学生,提高信息吸收和理解的效果。

信息化技术还为高校思政教育提供了更多的协同学习和交流机会。通过在线学习平台和社交媒体工具,学生可以与同伴、老师及时交流思想,分享学习资料,互相讨论问题。这种信息共享和协同学习的方式使得思政教育更具开放性和参与性,激发学生的主动性和创造性。通过信息化技术,高校思政教育可以与社会实践相结合,将理论知识与实际问题相结合,使得思政教育更加贴近实际、生动有趣。

(二)信息化发展对思政教育模式的挑战

信息化技术的广泛应用使得学生获取知识的途径更加丰富多样,他们可以通过互联网、移动应用等途径自主获取、分享和传播信息,对于传统的思政教育形式构成了一定的冲击。信息化技术的突飞猛进使得学生对于知识的获取速度要求越来越高,他们渴望能够随时随地获取最新的信息和知识,思政教育如何适应这一快节奏,提供符合学生需求的教育模式成了亟待解决的问题。

信息化技术的发展也使得学生更加倾向于以碎片化的方式获取知识,他们更喜欢通过短视频、微博、微信等社交媒体平台获取和传播思政教育内容,而传统的长篇大论的思政教育形式在他们眼中可能显得过于枯燥和抽象。这对于传统的思政教育模式提出了重要的挑战。如何借助信息化手段,创新教学方式和形式,使得思政教育与学生的兴趣和需求相结合,成了摆在我们面前的一项重要任务。

(三)信息化发展下的新型思政教育模式探讨

信息化技术的广泛应用为思政教育注入了新的活力。借助于互联网、移动设备等信息化工具,学生可以随时随地获取各种学习资源,例如在线课程、电子图书、学术论文等。这为学生提供了更加自主、灵活的学习方式,能够满足不同学生的个性化需求。同时,信息化技术也为思政教育注入了新的教学方法和手段,如虚拟实验室、多媒体教学、在线互动等,使得思政教育更加生动、直观,并增强了学生的学习兴趣和参与度。

信息化发展带来的社交网络平台和在线学习社区的兴起,为学生的思政教育提供了新的交流与分享空间。通过社交网络平台,学生可以与同学、教师及社会各界人士进行交流与互动,分享彼此的思想和观点。在线学习社区则为学生提供了一个共同学习、讨论和合作的平台,促使学生相互协作和共同进步。这种互动与分享的机制,有助于拓宽学生的视野,增强他们的社交能力和思辨能力。

（四）信息化发展影响思政教育模式的未来趋势

随着信息化技术的迅猛发展，高校思政教育模式也将迎来新的变革和发展。在信息化发展的推动下，思政教育模式将面临一系列的变革和挑战，同时也为我们描绘了一幅更加广阔的未来景象。

1. 信息化发展将为思政教育创造更多的机遇和可能

随着互联网技术的普及和信息化平台的构建，学生和教师可以更方便地获取各种思政教育资源。通过在线课程、学习社区、互动平台等形式，学生可以充分利用信息化技术来进行自主学习和思考，并与教师和其他学生进行交流和讨论。这种开放性和多样性的学习方式将促进学生的学习兴趣和主动性的提高，更加贴合个体的学习需求。

2. 信息化发展将推动思政教育模式的个性化发展

传统的思政教育模式往往是统一的、固定的，难以满足学生群体的差异化需求。而在信息化发展的背景下，通过大数据分析、人工智能等技术的应用，可以实现对学生个体差异的深度分析和精确评估。这将帮助教师更好地了解学生的学习特点和需求，为他们量身定制个性化的思政教育方案，提供更加精准和有效的教育服务。

3. 信息化发展将促进思政教育模式的创新与拓展

在信息化平台的支持下，思政教育可以借助多媒体、虚拟现实、人机交互等技术手段，创造出更加生动和情景化的教育环境。比如利用虚拟实验室、模拟演练等方式，让学生参与到实际情景中，提升他们的综合素养和解决问题的能力。同时，还可以通过线上线下相结合的方式，丰富思政教育的形式和内容，形成多元化的教育模式。

四、高校思政教育信息化的挑战与对策

(一)高校思政教育信息化的挑战

首先,信息化技术的迅猛发展让学生接触到了大量的信息资源,他们往往更倾向于通过互联网搜索引擎等工具获取知识,而不是去听老师的讲解。这就使得传统的课堂教育难以引起学生的积极参与和兴趣。其次,信息化技术与思政教育的深度融合也给传统的面对面教学模式带来了巨大冲击。学生可以通过在线教育平台获得大量的学习资源,这使得传统的课堂教学不再是唯一的学习途径。

(二)高校思政教育信息化的对策

1. 注重信息化平台的建设

构建一个稳定、安全、易用的信息化平台是推动高校思政教育信息化发展的前提和基础。这需要高校加强对信息化硬件、软件等基础设施的投入,提升网络带宽和稳定性,确保信息的传输和存储的安全性和可靠性。高校还需注重平台的用户体验,提供简洁、直观、易操作的界面,方便学生和教师使用。

2. 利用信息化技术创新教学模式

高校思政教育需要结合信息化技术,创新思政教育的教学模式。传统的思政教育按部就班,缺乏互动和个性化的特点。利用信息化技术,可以打破时空限制,提供多样化的学习资源和互动方式。高校可以建设线上学习平台,供学生自主选择学习内容,进行个性化学习。利用信息化技术可以提供虚拟实验室、在线讨论等互动的学习环境,促进学生主动参与和思辨能力的培养。

3. 加强师资队伍建设

信息化技术的应用需要教师具备相应的技术能力和操作技巧。高校应加强

对教师的信息化技术培训,提高教师的信息素养和操作能力。同时,教师还需要转变传统的教学观念和方法,适应信息化教学的要求和特点。高校还可以建立教师交流平台,促进教师之间的沟通和合作,共同探讨信息化技术在思政教育中的运用。

4. 积极面对信息化的风险和挑战

信息化平台的安全性是一个重要的问题,高校应加强信息化安全管理,制定相应的政策和规定,加强对教师和学生的信息保护教育。此外,高校还需关注信息化带来的信息泛滥和信息真实性的问题,加强对学生的媒体素养和信息判断能力的培养,引导学生正确获取和利用信息。

(三)信息化在未来高校思政教育中的发展方向

1. 推动课程内容的创新和更新

信息化技术为思政教育提供了更加广阔的教学资源和信息渠道。未来,思政教育可以借助信息化平台,结合大数据、人工智能等技术手段,开发新颖而有趣的教学内容,激发学生的学习兴趣,提高教学效果。例如,可以采用虚拟现实、增强现实等技术让学生身临其境地参与到历史事件中,以提升学生的思政教育体验。

2. 加强学生参与的互动性

信息化技术可以实现学生与教师之间、学生与学生之间的互动交流。未来,思政教育可以借助在线学习平台、社交媒体等工具,鼓励学生在学习中融入交流和合作的元素。通过在线讨论、团队合作等方式,培养学生的思辨能力和团队合作精神,进一步提升思政教育的实效性。

3. 注重个性化的学习支持

信息化技术可以根据学生的个体差异和学习需求,提供个性化的学习支持和反馈。未来,思政教育可以通过学习管理系统、智能评估工具等,对学生的学习情况进行精准分析和定制化指导,帮助学生更好地理解思政教育的核心理念,培养出具有创新能力、批判思维的高素质人才。

4. 拓展多元化的学习场景

信息化技术决定了学习的无边界性,未来思政教育可以在多个场景开展,突破时间和空间的限制。例如,利用移动学习平台和远程教育技术,可以实现随时随地的学习活动,使学生不再受限于传统的教室学习。通过与其他学校、社会机构等合作,开展跨校合作性思政教育项目,拓宽学生的学习视野和思考角度。

第二节 高校思政教育的多元化发展

一、高校思政教育多元化发展的意义

(一)多元化发展的理论阐述

多元化发展是指在思政教育中充分尊重和发展学生的多元思维、多元文化和多元能力,使他们能够在不同领域、不同层面展现自己的才华和特长。多元化发展是一种现代思维方式,它旨在超越传统的单一思维模式,鼓励学生在不同的学科领域进行交叉学习和综合思考。

多元化发展的理论阐述可以从以下几个方面进行探讨。多元化发展是教育现代化的要求。现代社会对人才的要求不仅仅是掌握一门或几门专业知识,更是注重综合能力的培养。通过多元化发展,学生可以接触到不同学科的知识和经验,拓宽视野,提高综合素质,为将来的发展奠定基础。

多元化发展是培养创新能力的需要。在知识爆炸和技术变革的背景下,单一专业的知识已经无法满足社会的需求。多元化发展可以促使学生跨学科学习和综合思考,培养创新能力和解决问题的能力。通过跨学科的交流和研究,学生

可以获得更广泛的视野和深度的思考方式,从而开辟新的创新思维路径。

多元化发展还有助于培养学生的协作能力和沟通能力。在多元化的学习环境中,学生需要与不同背景、不同专业的同学进行合作和交流。这种合作和交流可以培养学生的协作能力、开放性思维和团队意识。通过与他人的互动,学生能够更好地理解多元文化,增强跨文化交流的能力。

(二)多元化发展在思政教育中的应用

多元化的教育内容和方法能够满足学生的多元需求和个性化发展,使思政教育更加贴近学生的实际情况和兴趣特长。传统的思政教育往往只强调道德规范和传统价值观的灌输,忽视了学生的主体地位和个体差异。而通过多元化发展,教师可以根据学生的不同特点和需求,灵活地设计教学内容和安排教学方法,使思政教育更加贴合学生的认知方式和学习风格。

多元化发展还可以促进学科融合和跨学科的合作。以往的思政课程往往只注重专业知识的传授,缺乏学科之间的交叉和融合。而通过引入多元化的内容,结合不同学科的理论和实践,可以促进跨学科的交流与合作,使学生能够更加全面地了解社会问题,提高综合素质和思维能力。例如,在讨论社会伦理问题时,可以引入心理学、社会学、法学等多个学科的观点和研究成果,让学生能够从多个角度分析问题,培养跨学科的思维方式和能力。

多元化发展还需要构建相应的评价体系。传统的考试评价方式往往只强调知识的理解和记忆,忽视了学生的综合素质和创新能力。通过多元化发展,教师可以引入多种评价方式,如项目评估、综合论文、学科竞赛等,从各个方面全面地评价学生的能力和品格。多元化评价体系还可以促进学生的主动学习和自我反思,使他们能够主动参与到思政教育中来,提高学习的积极性和效果。

二、多元文化教育的实施

(一)多元文化教育的理念

多元文化教育的理念是指在高校思政教育中,通过尊重和包容各种不同的文化背景和价值观念,以培养学生的跨文化意识和文化自信心为目标的一种教育理念。多元文化教育的核心思想是认识到现代社会的多样性,关注不同文化间的对话、交流与融合,以建立和谐共存的社会。

1. 强调文化的多样性

现代社会是一个多元化的社会,不同的文化在交流中相互影响和融合。多元文化教育的理念鼓励学生尊重和欣赏不同的文化,学会关注和理解不同文化之间的差异和共通之处。通过对不同文化的了解,学生能够真正理解和尊重他人的观念和信仰,从而建立和谐的人际关系。

2. 注重跨文化意识的培养

现代社会全球化的交流与互动变得越来越紧密,个体之间的联系也越来越频繁。跨文化意识就是在跨越文化界限的过程中,能够理解和尊重不同文化的能力。多元文化教育的理念通过培养学生的跨文化意识,使他们能够适应和融入多元化的社会环境,胜任跨文化交流和合作的任务。

3. 强调文化自信心的培养

文化自信心是指个体对自己文化的认同和自信,在面对其他文化时,能够自信地表达和阐释自己文化的价值。多元文化教育的理念通过培养学生对自己文化的认同和理解,使他们树立文化自信心,在跨文化交流中既能够接纳其他文化,又能够自信地展示自己文化的魅力。

(二)多元文化教育的实施策略

1. 建设多元化的教育资源平台

多元化的教育资源平台包括丰富的课程设置、多样化的教学方法和手段,以及丰富的教材和教辅资源。通过开设多样化的思政课程,引入各类学科教育资源,为学生提供不同领域的知识与视野。要整合校内外的资源,组织多种形式的教育活动,如学术讲座、文化展览、社会实践等,促使学生在多样化的环境中接触、体验、学习多元文化。

2. 构建交流互动的平台

多元文化教育的核心是促进不同文化间的对话与交流。高校应该积极营造开放包容的教育氛围,鼓励学生参与不同文化的交流活动。可以通过开展文化节、主题论坛、文化交流项目等方式,让不同背景的学生有机会相互了解、学习和共享文化资源。还可鼓励学生参与国际交流项目,拓宽国际视野,增强跨文化交流能力。

3. 打造跨学科融合的教育模式

多元文化教育需要跨越学科界限,融合各个学科的知识与方法。高校应该鼓励跨学科的合作与研究,建立跨学科的教学团队,推动不同学科间的资源共享和互补,培养学生的跨学科思维和创新能力。可以开设跨学科课程或者设置跨学科模块,引导学生进行综合性的学习和研究,培养学生的综合素质与综合能力。

4. 建立有效的多元评价体系

多元文化教育的目的在于培养学生的综合素质和能力,传统的一考定终身的评价方式已经不能满足需求。因此,需要建立科学的多元评价体系,包括考查学生知识水平的考试评价、实践能力的实践评价、综合素质的综合评价等。通过多元评价的方式,可以全面客观地评价学生的多元文化教育效果,推动其不断提升和发展。

(三) 多元文化教育的效果评估

在多元文化教育的实施过程中,评估的目的在于了解多元文化教育的实施情况、效果及存在的问题,为进一步改进和提升教育质量提供依据。多元文化教育的效果评估可以从多个方面入手,如学生的认知水平、态度变化、跨文化交流能力等。

我们可以通过学生认知水平的提升来评估多元文化教育的效果。多元文化教育旨在培养学生对不同文化的尊重、理解和包容能力,因此,评估学生在多元文化知识、价值观等方面的认知水平是否得到提升是十分关键的。可以通过问卷调查、测试等方式收集学生的相关数据,并与教育目标进行对比分析,以了解教育效果是否达到预期。

多元文化教育的效果可以通过学生的态度变化进行评估。多元文化教育的目的之一是改变学生对其他文化的刻板印象和偏见,培养学生的文化开放性和接纳性。通过观察学生对其他文化的态度变化,比如是否更加尊重、理解和包容,可以初步评估多元文化教育的效果。此外,也可以通过开展小组讨论、模拟情境等活动,观察学生在实际情境中展现的态度和行为,从而更全面地评估教育效果。

三、跨学科融合的推动作用

(一)跨学科融合的理论依据

1. 多元化发展的需求

当今社会,知识和信息的快速增长使得单一学科的知识面与学科特长存在不足之处。为了应对复杂多变的社会问题,培养具备综合能力和跨学科视野的人才已成为高校思政教育的迫切需求。跨学科融合通过打破学科壁垒,促进不同学科之间的交流和合作,为培养综合素质更加全面的学生提供了理论依据。

2. 培养创新思维和解决问题的能力

高校思政教育不仅要注重学生的知识积累,更要注重培养学生的创新能力和解决问题的能力。跨学科融合可以为学生提供一个跳出既定学科框架的思维空间,激发学生的创新思维、探索精神和问题解决能力。通过融合不同学科的知识、方法和观点,学生可以更好地理解和应用知识,开拓思维边界,为创新和解决问题提供更加广阔的思维维度。

3. 促进全球化背景下的交流与合作

当前,全球化背景下的交流与合作已成为高校思政教育的重要任务。跨学科融合不仅涉及不同学科内部的合作,更涉及不同学科之间的交流与合作。通过跨学科融合的方式,可以促进不同文化、不同学科的融合与相互理解,提升学生跨文化交流和跨学科合作的能力,使他们能够更好地应对全球化背景下的挑战与机遇。

(二)跨学科融合在思政教育中的实践

通过将多学科的知识与观念有机地结合起来,跨学科融合可以为思政教育提供更加丰富多样的内容和方法,从而更好地满足学生个性化发展的需求。在思政教育中,跨学科融合的实践可以体现在以下几个方面。

1. 促进多元文化教育的实施

在当今社会,文化多样性成了一个重要的现象。通过跨学科融合,思政教育可以更好地融入不同文化的元素,使学生在学习中了解和尊重不同文化,培养跨文化交流和合作能力,提高综合素质,拓宽视野。

2. 丰富思政教育的内容

思政教育的核心是培养学生的思想道德素养,但单一学科往往无法涵盖思想道德教育的全部内容。通过跨学科融合,思政教育可以引入其他学科的知识和思维方式,拓宽学生的知识面,提高他们的综合素质。例如,可以引入历史、文学等学科的知识,以丰富思政教育的内涵,使之更加立体、全面。

3.加强对学生思维能力的培养

不同学科有不同的思维方式和方法,通过跨学科融合,思政教育可以促进学生跨学科思维的发展,培养他们的综合分析和问题解决能力。例如,在探讨一个社会问题时,可以引入社会学、经济学等相关学科的观点和分析方法,帮助学生全面而深入地理解问题,培养批判性思维和创新能力。

(三)跨学科融合的挑战与对策

在高校思政教育中,跨学科融合是实现多元化发展的重要手段。然而,跨学科融合也面临着一些挑战。

跨学科融合需要克服学科之间的壁垒和传统观念的束缚。不同学科的专业术语、研究方法和理论框架等差异,会给跨学科融合带来了一定的困难。

跨学科融合需要解决教师之间的协同合作问题。教师应该互相理解、尊重和信任,共同制定跨学科融合教学方案,并相互配合、协同授课。但是,现实中教师之间的合作意愿和能力存在差异,这给跨学科融合带来了一定的挑战。

跨学科融合需要充分利用校内外资源。高校思政教育需要借助社会各界的资源,例如专家学者的讲座、实践机构的合作等,但是如何协调和整合这些资源,使其发挥最大的效益,也是一个亟待解决的问题。

针对这些挑战,可以采取一些对策。首先,高校应加强跨学科融合的理论研究,深入探讨学科融合的原理和方法,为实践提供指导。其次,高校应建立起跨学科融合的机制和平台,促进教师之间的交流和合作。例如,可以设立跨学科研究中心或实验教学基地,提供交流与合作的空间和条件。同时,高校还应推动教师的跨学科培训和交流,提升他们的跨学科融合能力和意愿。最后,高校应积极与社会各界建立合作伙伴关系,充分利用外部资源。比如可以与企业、政府部门、非政府组织等进行合作,共同开展跨学科研究和实践活动,拓展学生的思政教育内容和方式。

四、多元评价体系的构建与应用

(一)多元评价体系的构建原则

1. 坚持综合评价的原则

高校思政教育涉及学生思想品德、政治素养、社会实践等多个方面,仅从某一角度评价往往无法全面反映学生的综合素质。因此,多元评价体系应将各个方面的评价指标进行综合,以确保评价结果的全面性和准确性。

2. 注重个性化评价的原则

每个学生的发展路径和个性特点都各不相同,因此评价应该尊重学生的差异性。针对不同的学生,评价指标和评价方式可以有所区别,使评价更加贴近个体的特点,充分发挥学生的潜力。

3. 考虑同行比较的原则

评价体系不仅是对学生个体的评价,也是对学生群体的比较。在构建多元评价体系时,应该充分考虑到不同学生之间的差异和相对优势,以便更好地促进学生之间的良性竞争和互相学习。

4. 考虑可操作性和实用性的原则

评价体系需要具备一定的可操作性,方便教师和学生对评价指标进行量化和具体化。同时,评价体系应具备实用性,能够为学校提供有效的决策依据和改进思政教育的方法。

(二)多元评价体系的具体应用

多元评价体系应该以多样化的评价工具为支撑。传统的思政教育评价往往依赖于考试和论文,这种以书面表达为主的评价方法不能全面、准确地反映学生的思政教育成效。为此,我们可以借鉴其他学科的评价方法,如口头演讲、小组讨论或项目报告等,从而开拓评价手段的多样性,以便更好地发现学生的优点和不足。

多元评价体系应该注重跨学科的融合。高校思政教育的目标不仅仅是培养学生的政治素养,还应该培养学生的综合素质和跨学科的能力。因此,在评价学生的思政教育成效时,应该考虑到学生在其他学科领域所表现出的能力和素养。例如,学生在社会实践中展现的创新思维和团队合作能力,可以成为思政教育成效评价中的参考因素。

多元评价体系还应该充分关注学生的个人发展和实际应用能力。高校思政教育的目标是培养具有批判性思维和创造性思维的人才,因此评价体系应该综合考量学生的学科基础、实际应用能力、创新思维等方面的发展情况。这样有助于鼓励学生在思政教育中积极思考、多样表达,从而更好地发展个人能力和素质。

多元评价体系需要建立相应的数据分析和反馈机制,以便不断优化评价体系的效果。通过收集学生的评价数据和反馈意见,我们可以不断改进评价指标的设定和评价方法的选择,从而提高评价体系的准确性和可靠性。同时,及时向学生反馈评价结果,鼓励他们总结经验、改进不足,促使学生在思政教育中实现全面成长。

(三)多元评价体系的效果反馈与优化

在高校思政教育中,通过多元评价体系,可以全面客观地评估学生的思政教育效果,为进一步改进和优化教育教学提供参考依据。下面将从效果反馈与优化两个方面来探讨多元评价体系的运作机制和作用。

1. 多元评价体系能够提供对思政教育效果的及时反馈

传统的评价方式多以定期考试为主,往往只注重学生的知识掌握程度,忽视了学生的思想品德发展和综合素质培养。而多元评价体系通过引入多种评价方法和工具,如小组讨论、案例分析、实际项目等,能够更全面地反映学生的学习态度、思辨能力、团队合作等方面的表现。通过及时反馈学生在不同方面的表现,教师和学生可以进行针对性的调整和优化,提升教育质量和效果。

2. 多元评价体系促进了教育的优化与创新

通过多元评价体系,教师可以获得更全面的学生信息,了解学生的兴趣爱好、潜力特长以及发展需求,从而为个性化教学和素质培养提供支持和指导。同时,多元评价体系能够鼓励学生主动参与教育过程,激发他们的学习兴趣和能动性。学生在接受多元评价的过程中,也会更加积极主动地参与各类实践活动和思辨性学习,提升自身的综合素质。因此,多元评价体系为高校思政教育的创新和发展提供了重要的支持和动力。

第三节　高校思政教育的个性化发展

一、个性化教育的作用

(一)思政教育的重要性

思政教育能够引领学生树立正确的世界观、人生观和价值观。在当今社会价值观念多元化的情况下,思政教育有助于引导学生树立正确的价值观,使其具备稳定的道德伦理基础。

思政教育有利于培养学生的社会责任感和公民意识。作为未来社会的中流砥柱,学生应当具备对社会发展和进步负责的意识,积极参与到社会实践中,为社会的繁荣和进步尽自己的一份力量。思政教育能够激发学生的社会责任感,培养他们身心健全、发展全面、具备社会参与能力的公民素质。

思政教育还有助于培养学生的创新精神和思维能力。在当今复杂多变的社会环境中,创新能力成为人才选拔的重要标准。思政教育通过丰富多样的教育内容和方法,开发学生的创造性思维,培养他们发现问题、解决问题的能力,从而为社会发展和进步提供智力支持。

高校思政教育中个性化教育的作用不言而喻。个性化教育能够更好地满足不同学生的个体差异,因材施教,注重培养学生自主学习、独立思考的能力。个性化教育强调关注学生的兴趣、特长和发展需求,帮助他们找到适合自己的发展路径,从而实现个性化发展。而个性化学习支持系统的应用,更是为高校思政教育中的个性化教育提供了有效的手段和方式。通过个性化学习支持系统的个性化定制和个体化辅导,学生能够在思政教育中得到更加个性化的教育与关怀。

(二) 个性化教育的理论基础

个性化教育的理论基础主要包括人本主义教育理论、社会认知理论和发展心理学等。这些理论为个性化教育提供了理论指导和方法支持。

1. 人本主义教育理论

人本主义教育理论强调重视个体的自主性和独特性。个性化教育正是基于这一理论构建起来的。人本主义教育关注每个学生的独特需求和个性发展,尊重学生的自主性和选择权,鼓励他们积极参与教育过程。通过个性化教育,高校思政教育能够更加精准地满足学生的思想、道德和价值观的培养需求,提升教学效果。

2. 社会认知理论

社会认知理论认为学生的学习效果与其思维方式、学习风格等密切相关。个性化教育注重了解学生的个体差异,包括认知差异、兴趣爱好等,对学生进行个性化学习指导。例如,对于喜欢听课的学生,可以提供更多的讲解和解答;对于喜欢阅读的学生,可以推荐相关的文献资源。通过个性化教育,高校思政教育能够更好地调动学生的积极性,提升他们的学习兴趣和效果。

3.发展心理学

发展心理学的研究为个性化教育提供了理论基础。发展心理学认为每个学生的发展轨迹和速度都有差异,个性化教育能够根据学生的不同发展阶段和需求,提供相应的教育支持和指导。通过了解学生的发展需要,高校思政教育能够在教学中为他们提供个性化的发展路径和目标,促进他们全面成长。

(三)个性化教育在思政教育中的作用

个性化教育作为一种教育模式,旨在满足不同学生的个体需求,促进其全面发展。在高校思政教育中,个性化教育扮演着重要的角色,具有独特的作用。

1.个性化教育能够更好地满足学生的思政需求

不同学生在思想意识、价值观念等方面存在着差异,传统统一的教学模式往往无法满足所有学生的需求。而个性化教育通过关注学生的个体特点,提供符合他们需求的教育内容和方式,能够更好地激发学生对思政教育的兴趣和参与度。例如,对于善于表达的学生,可以通过辩论赛、演讲比赛等形式来开展思政教育,激发他们的参与热情;对于善于思考的学生,可以通过思辨讨论、案例分析等方式来引导他们深入思考和独立分析。

2.个性化教育能够更好地弥补学生的个体差异

每个学生的认知能力、学习风格、学科偏好等方面存在着差异,个性化教育能够根据这些差异,量身定制教学计划和学习支持措施,提供个性化的学习体验。例如,对于理工科学生,可以通过布置实验任务、编程作业等形式来培养其实践能力;对于文科学生,可以通过阅读、讨论等方式来培养其分析与思考能力。这样一来,学生在思政教育中能够更好地发展自己的优势,充分发挥自己的潜力,获得更加个性化的学习成果。

3. 个性化教育能够为学生提供更好的学习支持与指导

在高校思政教育中,引入个性化学习支持系统可以为学生提供定制的学习资源和学术指导。例如,通过学习平台和智能化辅助工具,学生能够根据自身学习需求获取相关的学习资料、教学视频、在线辅导等,实现个性化辅导和指导。这不仅提高了学生的学习效果,还能够增强学生的学习主动性和自主性,培养其自我学习能力和信息获取能力。

二、学生个体差异与个性化策略

(一)学生个体差异的表现

学生个体差异是指每个学生在认知、情感、能力以及兴趣等方面存在着独特的差异。这些差异的存在使得学生在学习和发展过程中表现出各种特点。

1. 认知差异

有的学生思维敏捷,逻辑能力强,能够灵活运用知识分析和解决问题;而有的学生则更注重实践操作,善于感性认识事物。这种认知差异导致他们在学习方式、信息获取和处理等方面表现出不同的特点。

2. 情感差异

有的学生情绪稳定,能够自我调节,较好地处理压力与不良情绪;而有的学生情绪波动较大,容易受到外界因素的影响。这种情感差异可能会对学生的学习积极性、情感体验和社交关系产生影响。

3. 能力差异

有的学生在某些领域具有天赋或特长,比如艺术、体育等;而有的学生在某些方面可能表现出相对较弱的能力。这种能力的差异对学生选择学习内容、发展特长等有较大影响。

4.兴趣差异

有的学生对某些学科或者领域特别感兴趣,并有持续深入的学习欲望;而有的学生则对某个学科或者领域产生了抵触情绪,缺乏积极的学习态度。这种兴趣差异可能导致学生在学习动力、学习内容等方面呈现出差异性。

(二)个性化教育策略的构建

个性化教育策略的构建是高校思政教育中应对学生个体差异的重要举措。针对学生个体差异的表现,我们可以采取一些个性化教育策略,以满足每个学生的独特需求和特点。

1.关注学生的学习风格和兴趣爱好

不同的学生在学习上有着各自独特的偏好和特点,有些学生更喜欢听课,有些学生更喜欢阅读,而另一些学生则更喜欢实践探索。因此,在教学设计中,可以通过多样的教学形式和方法,满足不同学生的学习风格,提供多样化的学习体验。例如,可以结合课堂讲解、小组讨论、实践操作等形式,提供给学生多样化的学习机会,使之能够根据自己的学习风格选择适合自己的学习方式。

2.重视学生的学习能力差异

学生的学习能力有高有低,有些学生理解能力较强,学习较快,而另一些学生则需要更多时间和辅导才能理解并掌握知识。为了照顾到不同学生的学习能力,教师可以根据学生的实际情况,通过分层教学、个别辅导等方式,提供个性化的学习支持。例如,可以根据学生的学习水平将他们划分为不同的小组,每个小组都能够接受针对性的教学资源和辅导服务,以帮助他们提升学习能力。

3.充分倾听学生的需求和意见

教师可以通过开展学生反馈调查、面谈等方式,了解学生对于教学的期望和建议。针对不同学生的需求，教师可以进行合理的课程调整和教学改进，以满足学生的个性化需求。例如，如果学生希望在特定领域进行更深入的探索，可以为他们提供相关的研究课题或实践机会，以满足他们的学习兴趣和个性发展。

(三) 个性化教育策略在应对学生个体差异中的应用

学校思政教育的目标是培养学生全面发展的能力，但由于学生个体之间存在差异，统一的教学方式往往不能满足每个学生的需求。因此，实施个性化教育策略成为应对个体差异的重要途径。个性化教育策略的构建过程中，需要针对学生的不同特点，制定有针对性的教学计划。

1. 重视学生个体差异的表现

学生在学习能力、学习风格、兴趣爱好以及认知水平等方面存在差异，这些差异会影响他们的学习效果和学习动力。教师应充分了解学生的差异特点，例如通过与学生的交流、观察和评估等方法，收集相关信息，从而确立个性化教育策略的方向。

2. 兼顾学生的个体需求

教育者应该根据学生的不同需求，在教学过程中提供多样化的教学资源和学习机会。例如，针对喜欢阅读的学生，可以提供丰富的书籍资源；对于喜欢实践的学生，可以设计一些实践性的任务和活动。这种有针对性的教学方式，可以最大程度地满足学生的学习需求，让每个学生都能够在自己擅长的领域中展现自己的才华。

3. 借助先进的技术手段和个性化学习支持系统

现代技术的发展为个性化教育提供了新的思路和工具。通过个性化学习支持系统，教师可以根据学生的学情数据和反馈信息，对学生的学习过程进行个性化指导和辅助。系统可以根据学生的学习情况,推荐适合学生的学习资源和教学活动,以帮助学生更好地发展自己的个性化学习路径。

三、个性化学习支持系统的应用

(一)个性化学习支持系统的构建

1. 提供多样化的学习资源

多样化的学习资源包括电子书籍、学术论文、多媒体教材、网络课程等,以满足学生在不同学科领域的个性化学习需求。通过提供丰富多样的学习资源,学生可以根据自己的兴趣和学习风格选择适合自己的学习材料,从而更加有效地进行学习。

2. 提供个性化的学习路径

不同学生在学习上存在不同的瓶颈和难点,因此,系统应该根据学生的学习记录和表现,为其提供个性化的学习建议和指导。通过分析学生的学习数据,系统可以识别学生的弱点和优势,然后根据这些信息提供有针对性的学习路径,帮助学生更加有效地提升自己的学习能力。

3. 具备互动和反馈功能

学生在学习过程中,可能会有问题和疑惑。学习支持系统应该提供在线的问答平台和讨论区域,让学生可以与老师和同学进行互动交流。同时,系统还应该及时给予学生反馈,对学生的学习进度和成绩进行评价和分析,帮助学生了解自己的学习状况,及时调整学习策略。

4. 具备个性化的学习管理功能

学生在高校阶段面临着各种各样的学业任务和考核,系统应该能够帮助学生制订学习计划、管理学习进度,并提供学习提醒和时间管理等功能,帮助学生合理安排学习时间,提高学习效率。

(二)个性化学习支持系统的特点

1. 灵活性

传统的教育模式通常是以集体为单位进行教学,无法充分满足不同学生的个体差异。而个性化学习支持系统可以根据学生的特点和需求,灵活地调整学习内容、进度和方式。它能够提供多样化的学习资源和工具,帮助学生根据自身的发展需要进行学习,从而充分发挥每个学生的潜力。

2. 个体化的学习体验

在传统的教育环境中,学生往往需要适应教师制订的统一计划,可能会因此感受到压力。而个性化学习支持系统能够根据学生的兴趣、能力和学习风格,为其量身定制学习内容和学习路径。这样,学生可以在一个更加舒适和自然的学习环境中更好地发展自己的潜能。

3. 及时反馈

在传统的教学模式中,学生往往需要等到考试或作业批改的时候才能了解自己的学习情况。但个性化学习支持系统可以实时监测学生的学习情况,及时提供反馈和建议。学生可以根据反馈结果对自己的学习进行调整,及时纠正错误,提高学习效果。这种即时的反馈机制有利于学生主动参与学习,加深对知识的理解和掌握。

4. 开放性

个性化学习支持系统可以为学生提供开放式的学习资源和学习机会。学生可以根据自己的兴趣和需求,选择适合自己的学习内容和学习方式。这样的开

第四章 高校思政教育的创新发展

放性能够激发学生的学习热情和主动性,培养学生的自主学习能力和创新能力。

(三)个性化学习支持系统的实际应用

个性化学习支持系统实际应用于教学过程中,可以根据学生的不同学习习惯和节奏,为其提供相应的教学资源和学习建议。系统通过分析学生的学习情况和学习风格,自动为学生匹配适合的学习内容和学习方式,从而提高学习的针对性和效果。例如,在思政教育课程中,系统可以根据学生的兴趣爱好和学习需求,推荐相关的学习材料和互动活动,以激发学生的主动学习兴趣,并促使他们更好地理解和应用所学内容。

个性化学习支持系统的实际应用还可以有针对性地进行学习评价和反馈。系统通过对学生的学习数据和表现进行分析,为其提供个性化的学习评价和反馈,帮助学生更好地了解自己的学习情况和进步方向。例如,系统可以根据学生的学习表现和习惯,提供相应的评价指标和建议,以帮助他们发现自身的学习优势和不足,并采取相应的学习策略和方法进行改进。

个性化学习支持系统的实际应用还可以促进学生之间的合作与交流。系统可以根据学生的学习兴趣和能力,将其分组进行合作学习或互动讨论。通过个性化学习支持系统的应用,学生可以互相借鉴和补充彼此的学习经验和知识,促进学术思维的培养和交流的拓展。

(四)个性化学习支持系统的效果评估

第一,在评估个性化学习支持系统的效果时,需考察其对学生学习成绩的影响。个性化学习支持系统通过精准的学习分析和个性化的学习指导,能够更好地满足学生的学习需求,提高学生的学习自主性和积极性,有效提升学生的学习表现。因此,评估学生在个性化学习支持系统的帮助下的学习成绩变化是一个重要的方面。

第二,考量个性化学习支持系统对学生的学习兴趣和动机的影响。个性化学习支持系统根据学生的个体特点和学习需求,提供相应的学习内容和学习资源,能够激发学生的学习兴趣和动机,使其更加主动地参与学习。因此,评估学生在个性化学习支持系统的引导下学习兴趣和动机的变化,能够直观地反映个性化学习支持系统对学生个性化发展的促进效果。

第三,还需评估个性化学习支持系统对学生学习策略的引导和培养的效果。个性化学习支持系统能够根据学生的学习特点和优势,为其提供个性化的学习策略和方法,帮助学生更加有效地进行学习。因此,评估学生在个性化学习支持系统的指导下学习策略的改进,能够衡量个性化学习支持系统在促进学生个性化发展上的实际效果。

第四,考虑个性化学习支持系统在实际应用中的可行性和有效性。评估个性化学习支持系统的效果还需要关注其用户体验和用户满意度。通过用户反馈,了解学生对个性化学习支持系统的认可程度和满意度,进一步优化系统设计,提高其实际应用效果。

参考文献

[1]谈娅.新时代高校思想政治教育创新研究[M].重庆:西南师范大学出版社,2021.

[2]张婷婷,黄家福,李珊珊.大数据时代背景下高校思想政治教育创新[M].北京:北京燕山出版社,2022.

[3]吕媛媛.新时代高校思想政治工作质量提升实际操作研究[M].北京:九州出版社,2021.

[4]陈金平.多媒体时代高校的思政教育研究[M].北京:北京工业大学出版社,2020.

[5]范翠莲,李春风,边黎明.思想政治教育与实践[M].北京:九州出版社,2018.

[6]杨务林,王婧淳,蒋素琴.思想政治教育多维视角探究[M].延吉:延边大学出版社,2018.

[7]万娟.基于创新发展的高校思想政治教育研究[M].长春:吉林大学出版社,2022.

[8]王维.新时代思想政治教育路径构建研究[M].北京:线装书局,2022.

[9]谷正.新时代背景下高校思想政治教育的理论与实践探析[M].北京:经济科学出版社,2022.

[10]任鹏,马天威,张福堃.高校思想政治教育协同育人研究[M].北京:中国社会科学出版社,2022.

[11]姜利波.网络时代高校思想政治教育创新实践探索[M].长春:吉林大学出版社,2022.

[12]何勇平,刘富胜.新时代高校思想政治教育改革创新[M].成都:西南财经大学出版社,2022.